VERENA VAUCHER

RÄTSELGEWAND

Herstellung und Verlag:
BoD - Books on Demand, Norderstedt
ISBN 978-3-7412-6739-0

Für Yves

– und mit herzlichem Dank auch an meine nächsten Freundinnen und Freunde, die meine Liebe für Gedichte und Rätsel teilen und mir mit ihren unterschiedlichen Ansichten und mit ihren kritischen Einstellungen eine wertvolle Begleitung und Unterstützung waren.

INHALT

FASZINIERENDES RÄTSELGEWAND	**1**
RÄTSEL GAB ES SCHON IMMER	**3**
EIN RÄTSEL IST FRAGE UND ANTWORT ZUGLEICH	**7**
RÄTSEL UND GEDICHTE	**11**
EIN RÄTSELGEDICHT VON GOETHE	15
KREUZWORTRÄTSEL	**20**
DAS ERSTE KREUZWORTRÄTSEL	20
VORGÄNGER DER KREUZWORTRÄTSEL	22
GEGEBENHEITEN, REGELN UND HANDHABUNG	27
EINFACHE UND KRYPTISCHE KREUZWORTRÄTSEL	29
WORTRÄTSELARTEN UND VERBREITUNG	32
KRYPTISCHE KREUZWORTRÄTSEL	**36**
TMB-KREUZWORTRÄTSEL UND VERWANDTE	36
EIN TMB-KREUZWORTRÄTSEL ALS PARADEBEISPIEL	39
ZUM LÖSUNGSPROZESS	42
MEIN LÖSUNGSSCHEMA	43
ALLE LÖSUNGSVORGÄNGE DES PARADEBEISPIELS	45
STILMITTEL	**63**
FORMULIERUNGEN FÜR BESTIMMTE LÖSUNGEN	**70**
HINWEISE AUF BUCHSTÄBLICHES	70
HINWEISE AUF SPRACHEN UND DIALEKTE	72
HINWEISE AUF BESONDERE WORTFORMEN	77
ZUSAMMENFASSUNG DER LÖSUNGSSTRATEGIEN	**82**
FÜR RÄTSELTEXTE ALLGEMEIN	82
FÜR KREUZWORTRÄTSEL	83
FÜR KRYPTISCHE KREUZWORTRÄTSEL	83
ANHANG	**85**
ALLE TMB-GITTERZEILEN DER MAGAZINE VON 2010	85
GLOSSAR	87
LITERATUR	88

Viel Unerklärliches begleitet unser Leben von Anfang an, lässt uns als Kinder schon staunen und endlos Fragen stellen. Solche Neugier fördert über viele Zwischenstationen des Lernens, mit unterschiedlichen Herangehensweisen, den Wissenserwerb und verhilft zu mancherlei Erkenntnissen. So führt auch das Rätseln im spielerischen Nachdenken über allerlei Zusammenhänge zu Lösungsfindungen.

Diese eigenartige Rätselsprache, die als verkleidete Frage daherkommt und eine Lösung als Antwort fordert, war mir treue Lebensbegleiterin: Rätseldichtungen konnten mich schon als Jugendliche stundenlang im Nachdenken versinken lassen und heute sind es die kryptischen Kreuzworträtseltexte, mit denen ich mich oft beschäftige.

Rätselgedichte, wie auch Gedichte im Allgemeinen sind mir in meine Tagträume gewobene Lebenshilfe geblieben und können mich mit ihrer sprachlichen Feinheit gedanklich beflügeln. Beispielhaft dafür stehen die „Weisheiten des Bakis", jene Gedichte von J. W. Goethe, die so ganz und gar rätselhaft angelegt sind.

Die kryptischen Kreuzworträtsel von Trudy Müller-Bosshard halte ich mit ihren Lösungshinweisen für eine Art Rätsel-Kleinkunst. Deren Auflösung erscheint eine Woche später, ohne Preisversprechen. Das ist gut so, denn – wie die Freude idealerweise im Spiel selbst liegen sollte – liegt das Befriedigende beim Raten im Brainstorming selbst, im Geniessen erfüllter Gegenwart.

Zürich, im September 2016　　　　　　　　　　Verena Vaucher

FASZINIERENDES RÄTSELGEWAND

Ein Rätselgewand kann eine Textaussage bedecken und sie wundersam verfremden. Knoten und Fäden weisen auf deren Herkunft und auf ihre Verflechtungen mit anderen Stoffen und anderen Welten hin. Nur geduldiges Aufdröseln bringt ihren wahren, darunter verborgenen Sinn zum Vorschein.

Sprache kann ganz allgemein als Wittgensteins „Verkleidungen von Gedanken" (*Tractatus 4* 1984, 002) unklar und geheimnisvoll wirken. Langsames Lesen ist in diesem Fall die richtige Gangart. In den Sprachdetails werden dann Sinnzusammenhänge entdeckbar und Anspielungen durchschaubar. Je mehr ich innehalte und auch Kleinigkeiten fokussiere, desto mehr Bedeutungsfelder tun sich auf, denn alle Knoten in einer komplizierten Textur sind auflösbar, weil sie in deren Sprachstoff verwoben worden sind.

Ähnlich wie bei schwierig zu verstehenden Texten verbirgt ein Rätseltext in seiner Aussage die Lösung
Zur Verdeutlichung soll ein selbst konstruiertes Beispiel dienen, das als Lösungshinweis in einem nicht so leicht lösbaren Kreuzworträtsel stehen könnte:

> Sie schlängelt sich im Herzen der Geliebten des göttlichen Stiers. (Lösungswort mit 4 Buchstaben)

Ein solcher Satz ist ohne Kontext unverständlich. Er muss daher ein Rätsel sein. Wie können wir es lösen? Wir müssen dessen versteckte Hinweise beachten:
Was für eine „Sie" soll das sein, die sich da „im Herzen der Geliebten des göttlichen Stiers schlängelt"?
Und: Wer soll dieser „göttliche Stier" sein? Weist diese

Umschreibung auf die griechische Mythologie hin? Dann könnte Zeus als Stier gemeint sein. Und wer war dessen „Geliebte"? Eine seiner Geliebten hiess Europa und sie war Namensgeberin für unseren Kontinent. „In ihrem Herzen" meint somit nicht nur das Herz der Geliebten Europa, sondern kann auch als Metapher für ein Zentrum stehen und die Mitte des europäischen Kontinents meinen. Als Land ist dann die Schweiz ein mögliches Herzstück von Europa. Und dort „schlängelt" sich – als Metapher für etwas, das durch eine Landschaft fliesst – z. B. der Fluss AARE.

Das gelöste Rätsel wird zu einer einfachen Erläuterung: Aare heisst ein Fluss in der Schweiz, der ungefähren geografischen Mitte des europäischen Kontinents, der seinen Namen der griechischen Mythologie verdankt, – jener Frau, die als Geliebte von Zeus in der Gestalt eines Stiers entführt wurde.

Nach dieser Aare könnte natürlich auch einfacher gefragt werden, wie in einem einfachen Kreuzworträtsel: „Fluss im Schweizer Mittelland".

Sprache ist immer etwas rätselhaft, denn sie strebt in vielen Textarten, von Zeitungsartikeln oder kurzen literarischen Texten bis zu Romanen, nach dem Verständnis und lässt verschiedene Interpretationen zu.

Die Mannigfaltigkeit der sprachlichen Formen von Rätseln ist fast so unerschöpflich wie die Sprache selbst.

Rätseltexte streben in ihrer Frage-Antwortstruktur nach einer ganz bestimmten Lösung.

Es ist, als ob Rätsel sagten: Du kannst mich nicht verstehen? Schau besser hin! Die Lösung steht da! Sie versteckt sich in meinem Text! Was ich meine, ist in meiner verrätselten Sprache verborgen.

RÄTSEL GAB ES SCHON IMMER

Gemäss Flavius Josephus, einem jüdischen Historiker des 1. Jhs., ist das älteste dokumentierte Rätsel auf einer Tontafel aus dem altsumerischen Lagasch ca. 2350 v. Chr. entdeckt worden. Darauf sind Fragen der folgenden Art aufgelistet: „Sein Kanal ist a, sein Gott ist b, sein Fisch ist c, seine Schlange ist d." (Gesucht wird nach einer Stadt, die am Kanal a liegt, deren Stadtgott/göttin b ist und die die Symboltiere c und d hat.) Ähnliche Rätsel kamen laut Josephus auch in der akkadischen Literatur Mesopotamiens vor, wie z. B. im ältesten Rätsel Ägyptens, das den Namen Ahmes (auch Ahmose) getragen habe und von ca. 1650 vor Christus stamme. Es sei selbst die Abschrift eines noch 200 Jahre älteren Dokumentes und somit fast 4000 Jahre alt. Diese Schriftrolle, die im British Museum in London aufbewahrt wird, gibt die als das *Katzen-und-Mäuse-Rätsel* bekannt gewordene Aufgabe an: „Es gibt sieben Häuser, in jedem Haus wohnen sieben Katzen. Jede Katze frisst sieben Mäuse, von denen wiederum jede sieben Kornähren gefressen hat. In jeder Ähre sind sieben Samen. Wie viele Objekte sind es?" Die Lösung ist rein mathematisch berechenbar: $7 + 7^2 + 7^3 + 7^4 + 7^5 = 19607$. Von den Griechen ist dieses Rätsel überliefert: Homer geht eines Tages an der Meeresküste spazieren und trifft ein paar Fischer. Er fragt sie: Was habt Ihr gefangen? Und sie antworten in einem Rätsel: „Was wir gefangen haben, haben wir draussen gelassen, aber was wir nicht gefangen haben, haben wir mitgebracht." Doch der kluge Homer konnte dieses Rätsel nicht lösen. Die Lösung sind die Läuse, wie uns der Forscher Tomas Tomasek verrät. „Früher hatten die Menschen häufig Läuse. Während des Fischfangs haben sich die Fischer oft die Zeit damit vertrieben, sich gegenseitig zu lausen", weiss der Experte. „Die Läuse, die sie gefangen haben, haben sie ins Meer geworfen. Und die anderen haben sie wieder mit nach Hause gebracht."

Über die Geschichte des westeuropäischen Rätsels schreiben Heike Bismark und Tomas Tomasek (Reallexikon der Deutschen Literaturwissenschaft, 2007, 112 ff.), dass für dessen Anfänge lateinische Vorgänger aus der Spätantike und des Frühmittelalters bedeutsam waren. Die frühe volkssprachliche Rätselüberlieferung habe sich auf die Sammlungen, der *Heidreksrätsel* der *Hervarar-Saga* (wahrscheinlich 12. Jh.) und auf die noch früheren Rätsel des *Exeter-Book*[1] (im 10. Jh.), als „poems of great charm, zest, and subtlety" konzentriert.

Im deutschen Sprachgebiet wurden im 13. Jh. dann auch Rätsel von Sangspruchautoren zur Bereicherung ihres Repertoires genutzt und diese Tradition hat sich bis ins 17. Jh. im Meistergesang fortgesetzt. Man pflegte dabei sogar einen fingierten literarischen Rätselstreit z. B. den so genannten *Wartburgkrieg*: Dessen Rätsel wurden zur ältesten deutschen Rätselsammlung, die als bedeutendstes Zeugnis thüringischer Spruchdichtung gilt. Das Thema Wartburgkrieg wird später auch in literarischen Texten, z. B. in E. T. A. Hoffmanns *Der Kampf der Sänger* (1819) und in Friedrich de la Motte Fouqués *Der Sängerkrieg auf der Wartburg* (1828) aufgegriffen.

Rätsel in Paarreimform sind seit dem ausgehenden 15. Jh. in grösserer Zahl überliefert (z. B. im Weimarer Codex Q565). Ein Zeugnis eigener Art bildeten das *Traugemundslied* aus dem 14. Jh. und das vor 1510 erstmals gedruckte *Strassburger Rätselbuch*, das besonders einflussreich war für die Verbreitung des deutschsprachigen Rätsels. Es ist mehrmals verlegt worden und daraus sind

---

[1] *The Exeter Book of Riddles*, translated and introduced by Kevin Crossley-Holland. (Das *Exeter Book* oder *Codex Exoniensis*' ist ein Kodex aus dem 10. Jh. in altenglischer Dichtung.)

andere Rätselsammlungen wie 1850 *Simrocks Deutsches Rätselbuch* entstanden, deren Erfolg auch Anlass war für *das Christliche Ratbüchlein für Kinder*, einer Sammlung biblischer Wissensfragen. Nikolaus Reusners lateinische *Aenigmatographia* (1599) war das erste lateinische Rätselbuch und ist Zeugnis dafür, dass Rätsel den Gelehrten des deutschen Humanismus als Element elitärer Standeskultur galt. Es ist von zahlreichen Autoren des Humanismus, die in Latein geschrieben haben, als Quelle für ihre Rätselbeispiele benutzt worden. Die Rätseldichtung ist dann – oft in der Form von Alexandrinern – weitergepflegt worden. Anfangs des 19. Jh. hat die Rätseldichtung durch Friedrich Schillers *Turandot* eine weitere Blüte erlebt. Durch Autoren wie Platen, Fechner, Körner, Vischer, Hauff und Hebel hat die Rätselbegeisterung (u. a. mit Karl Kraus) bis ins 20. Jh. angehalten.

Gemäss Reallexikon (2007, 112 ff.) hat die Rätselforschung des 19. Jhs. z. B. Uhland und Simrock) zunächst, durch Herder angeregt, nach uraltem, mythologisch gefärbtem Volksgut gesucht, während Petsch (1899) als eher positivistischer Forscher bereits die *Volksrätselsammlungen Wossidlos* benutzt hat. Anschliessend habe sich die Rätselforschung zu einem Untersuchungsfeld der internationalen Ethnologie entwickelt.

In der neueren Literatur beziehen sich Autoren wie etwa der J. R. R. Tolkien, Altphilologe und Autor von *Der Herr der Ringe*, auf jene alte Tradition, die das Rätselraten zum beliebten Spiel der Roman-Figuren (z. B. den Hobbits) macht.

Eine sehr beliebte einfache Form bleiben bis heute Kinderrätsel, wie: „Was hat keine Beine und kann doch gehen?" (Die UHR)

WISSENSCHAFTLICHE LITERATUR ZU RÄTSELN

Wissenschaftliche Arbeiten zu Rätseltexten gibt es bis heute nur wenige: *Crossword Obsession* von Coral Amende legt den Fokus auf die Geschichte von Kreuzworträtseln, während *Mots croisées et psychologie du langage* von Jacques Wittwer einen eher psycholinguistischen Zugang zu Kreuzworträtseln bietet. W. J. Pepicello & Thomas A. Green gehen in *The Language of Riddles* den englischen Rätselformen im Allgemeinen auf den Grund und verfolgen dabei einen linguistisch-ethnologischen Forschungsansatz. Dabei zeigen sie den Zusammenhang von Rätseltexten mit anderen Textsorten auf und machen auf deren Codierung und deren Botschaftscharakter aufmerksam, die sie mit der Kunst gemeinsam haben.

EIN RÄTSEL IST FRAGE UND ANTWORT ZUGLEICH

André Jolles zählte Rätsel in seinem Hauptwerk *Einfache Formen* von 1930, wie Legenden, Sagen, Mythen, Sprüche, Casi, Memorabiles, Märchen oder Witze als mündlich übertragene Formen der Literatur, zu den ‚einfachen Formen' und schuf damit eine neue literarische Gattung. Zudem postulierte er, dass sich die Gestalt eines Rätsels in Frage und Antwort erfülle. Rätsellösen ist für Jolles ein Suchen nach der Bestätigung von Gedankengängen. Bei ihm zeigen sich Rätsel und das Rätselraten als ein Phänomen, das seine Nützlichkeit aus einer gedanklichen Unterhaltung schöpft, die sich bis zu einer Leidenschaft ausweiten kann. Rätseln, so Jolles weiter, könne aber auch Beklemmung sein, da ein Mensch, der wisse, einem anderen Menschen eine Frage stelle und zwar so, dass sie den anderen zum Wissen zwinge. Es sei kein Zufall, dass ein althochdeutsches Wort für Rätsel „t u n - k a l" – das Finstere – laute. Diese Erkenntnis könnte heute noch der Grund dafür sein, dass manche Leute Rätsel nicht mögen, weil sie grundsätzlich nicht bemüht sein wollen, etwas herausfinden, was jemand anderer schon weiss.

Heute werden die Ratenden ja nicht mehr, wie in jenen Märchen und Mythen, unter Androhung des Todes zu einer Lösung gezwungen. Es wird nur eine Antwort erwartet, aber niemand, ausser dem Text selbst, dringt auf eine Lösung. Der Zugzwang eines Rätsels ist einer Frage ähnlich, die eine Antwort provoziert und dabei zum Gedankenspiel einlädt. Ein Rätsel wirkt deshalb attraktiv und verspricht spannende, unterhaltsame Erheiterung; es strebt nach einer erleichternden Antwort.
Damit lässt sich vielleicht auch die Erfolgsgeschichte von Kreuzworträtseln erklären, die Jolles für seine Zeit beschreibt und die sich bis heute weiterzieht; man denke

dabei nur an die täglichen Kreuzworträtsel in verschiedenen Gratiszeitungen. Sie werden meist in einem Werbeumfeld auf den Markt geworfen und schnell konsumiert. Das Rätsellösen ist zur reinen Unterhaltung geworden. Es kann sich ja selbst genügen, es kommt ohne menschliche Bestätigung aus, es befreit von autoritären Fragepersonen und macht damit die Lösenden in ihren Rateprozessen autonom.

Die Sinnbildung als das Resultat von vorhandenen und ebenso von fehlenden Determinationen ist eine wichtige Lösungshilfe für Rätsel, weil nicht nur den Umschreibungsformen eines Hinweises auf den Grund gegangen werden muss, sondern auch dem implizit Ausgeschlossenen, der Lücke in einem Text. Es ist eben nicht der Zweck von Rätseltexten, den Informationsfluss, wie bei einer gewöhnlichen Nachricht, zu erleichtern, sondern ihn – im Gegenteil – zu erschweren und die Ratenden auf gedankliche Abwege zu führen. Dadurch wird die Rätselform, wie Pepicello & Green (1984, 5) meinen, zu einem „performativen kommunikativen Akt", deren wichtigster Aspekt vor allem die Codierung ist. Der Sprachstil in Rätseln dient also anstatt der Wahrnehmungslenkung viel mehr der Ablenkung vom üblichen Denkstil und versucht das übliche Sinn-Sehen mit Unsinn-Sehen zu vertauschen.

Das Reallexikon der deutschen Literaturwissenschaft (2007, 212 ff.) definiert das Rätsel als eine „verschlüsselte Frage" und als „literarische Kleinform". Es zählt Rätsel zu der Gruppe der Prüfungsfragen, da dem Rätselsteller die Antwort bekannt ist und der Gefragte sich in der Rolle des Geprüften befindet. Weiter wird dazu ausgeführt: „Im Unterschied zu Examens- und Quizfragen wird bei Rätseln das Frageziel verschlüsselt umschrieben. Die Mittel der

Rätselverschlüsselung, die sich sowohl – als Sachrätsel – auf den Inhalt als auch als Worträtsel auf den Ausdruck eines Lösungswortes beziehen können, sind vielfältig, da Ambiguität, Vagheit und fast alle Arten des uneigentlichen Sprechens zur Verrätselung genutzt werden (u.a. Synonymie, Homonymie, Metapher, Metonymie). Auch die Vertextungsstrategien sind zahlreich: Rätsel können die Gestalt eines Berichts, einer Frage, Aufzählung, Ich-Rede usw. annehmen. Meist sind sie von prägnanter Kürze, in Einzelfällen aber auch von mehrseitiger Länge." (ebd., 214)

Wir finden solch Rätselhaftes ja auch in literarischen Texten, wenn sie uns Lesende lange im Ungewissen über den Ausgang einer Erzählung lassen oder auch in Tatortbeschreibungen von Kriminalromanen, deren Spuren uns zu detektivischer Recherche anregen wollen.

Gemäss Duden Bedeutungswörterbuch (2002, 716) hat der Rätselbegriff zwei Bedeutungsfelder – jene, als Frage gestellten, durch Nachdenken zu lösenden Aufgaben, mit den Eigenschaften „leicht", „einfach" oder „schwierig" in der Verwendung als „Rätsel raten", „Rätsel lösen" oder „einander Rätsel aufgeben", mit den Synonymen: „Aufgabe", „Frage" oder „Quiz" – aber auch das andere Bedeutungsfeld, als etwas Unerklärbares, mit den Eigenschaften „dunkel" und „ewig", als das „Rätsel des Todes" oder als „das Rätsel der Schöpfung"; es kann „sich auflösen", „sich aufklären", „etwas kann jemandem ein Rätsel sein", als Synonym des „Geheimnishabens". Auch die Eigenschaft „rätselhaft" meint etwas, das nicht zu durchschauen oder zu erklären ist, z. B. in Ausdrücken wie „ein rätselhafter Fall" oder „unter rätselhaften Umständen" oder, dass der Tod rätselhaft sei. Synonyme für „rätselhaft" wären „dunkel", „geheimnisvoll", „mehrdeutig", „mysteriös",

„schleierhaft", „übernatürlich", „unbegreiflich", „unerklärlich", „unfassbar", „unklar".

Das Rätseln als Handlung stand über einen längeren Zeitraum für ‚etwas suchen'. Man kann über ein Tatmotiv rätseln oder man rätselt, wie so etwas passieren konnte; man „rätselt, ob ...", man brütet (ugs.) über etwas"; rätseln kann „denken" meinen, „durchdenken", „sich fragen", „grübeln", „knobeln (ugs.)", „nachdenken", „sinnieren", „überlegen", „vermuten", „sich den Kopf zerbrechen" (bildlich) oder „sich Gedanken machen".

Diese Recherchen führten mich zu einer eigenen Rätseldefinition:

> **Rätsel sind kleine Texte, die einen zunächst geheim gehaltenen Gegenstand mittels indirekter Hinweise auf dessen Merkmale beschreiben und damit, als offene oder darin enthaltene Frage, die Suche nach der richtigen Antwort eröffnen.**
> **Die angestrebte Lösung ist unabdinglich verknüpft mit dem Rätseltext.**

> Nicht Zukünftiges nur verkündet Bakis; auch jetzt noch
> Still verborgenes zeigt er, als ein Kundiger, an.
> Wünschelruten sind hier; sie zeigen am Stamm nicht die Schätze.
> Nur in der fühlenden Hand regt sich das magische Reis.
> J. W. Von Goethe: *Weissagungen des Bakis (3)*

Um ein Rätsel in seiner Ganzheit zu erfassen, braucht es, wie für jenen Wünschelrutengänger in Goethes dritter Weissagung des Bakis „die fühlende Hand" für „still Verborgenes", was im übertragenen Sinn hier die Sensibilität für die Wahrnehmung jener Ressourcen ist, die Hausendorf/Kesselheim in ihrer *Textlinguistik fürs Examen* (2008) beschreiben. Zum einen wird dieses Gespür für die Sprache gebraucht, um jenes Verrätselte in den Umschreibungen zu entdecken und zum anderen wird es benötigt, um die vielen Hinweise auf Wissenswelten zu verorten, um als „Kundige" – auch in der Vertrautheit mit dieser Textsorte – die angewandten Stilmittel wie „magische Reise" zu erkennen und deren Hinweisen für die Lösung zu folgen.

RÄTSEL UND GEDICHTE

Dass Rätsel und Gedichte auffallend viel Sprachliches gemeinsam haben, zeigt der Niederländer Paul Claes mit dem Fokus auf die Rätselhaftigkeit in den *Neuen Gedichten* von Rilke ([1995] 2009), die oft gar nicht als Rätsel erkannt werden.

Rätsel sprechen die menschliche Neugier an, weil sie paradoxerweise eine Lösung fokussieren, indem sie diese verbergen. Gemäss Paul Claes (2009, 9) lösen solche Texte nicht Verständnis sondern Befremden aus, aber es sei – mit Rilke gesprochen – des Künstlers, das Rätsel zu lieben. Die Wirklichkeit sei ein Rätsel, das der Künstler in

seinem Werk sorgsam behandeln müsse, damit die ursprüngliche Verwunderung nicht verloren gehe. Er weist darauf hin, dass Rilke in diesen *Neuen Gedichten* um „eine ungewohnte Betrachtungsweise" gegangen sei, „eine andere Beleuchtung", „eine neue Perspektive".
Solches „Befremden" befällt uns in gleicher Weise beim ersten Lesen eines Rätsels oder auch von Lösungshinweisen in einem kryptischen Kreuzworträtsel: Da wird etwas Unbekanntes mit vielleicht wohlklingenden Worthülsen umschrieben, die vorerst keinen Sinn oder Zusammenhang ergeben. Die Selbstverständlichkeit, die man von anderen Texten kennt, ist verschwunden – ein anderer, neuer Blick ist gefordert. Die Wirklichkeit der Welt ist in eine spezielle Sprache transformiert, die sich gegen das Verstehen sperrt.

Claes erklärt, wer die *Neuen Gedichte* mit liebevoller Aufmerksamkeit lese, stosse immer wieder auf mysteriöse Themen, kryptische Passagen – auf Rätsel eben. So weist Claes darauf hin, dass der Dichter sich der Textverdichtung und zahlreicher rhetorischer Stilmittel bediene. Gedichte könne man erst wirklich lesen, so Claes weiter, wenn man sie als entzifferbare Rätsel verstehe (ebd., 11 ff.) und die „Verweise" (ebd., 12) beachte; dies könnten Kulturobjekte sein, historische, biblische oder mythische Gestalten, bei denen die genaue Bezeichnung des Gegenstandes oder der Persönlichkeit fehle oder „kunstvolle elliptische Anspielungen" (ebd., 13), bei denen eine offenen Stelle ergänzt oder ein Problem gelöst werden müsse, dann „die Verwendung von Sammelbezeichnungen" (ebd., 13) anstelle des Eigennamens als einfachste Form der „Periphrase oder Umschreibung" (ebd.), aber auch „genaueste wissenschaftlich recherchierte Themen" (ebd.), welche die Lesenden fast beiläufig beschenken.

Claes spricht in diesem Zusammenhang von „logischen Figuren" (ebd.,14), mit der Verwendung von allgemeinen Wörtern und von Hyperbeln, welche die Wirklichkeit expressionistisch bis surrealistisch verzerrten; auch mit Paradoxa und deren Umkehrung würden Verfremdungseffekte erzielt und den Lesenden grosse Aufmerksamkeit abverlangt. Rilkes „Klangfiguren" (ebd.,15) würden zeigen, dass dessen Assoziationen oft vom Wortlaut ausgingen. „Wortschatzfiguren" (ebd.,16) würden mit der Vieldeutigkeit der Wörter spielen. Die Figuren des Satzbaus seien oft in ihrer Komplexität verwirrend gestaltet. Zum Enträtseln empfiehlt Claes die damals dem Dichter zur Verfügung stehenden Mittel: Lexika, Enzyklopädien, Nachschlagwerke, Reiseführer und Handbücher.

Für Pepicello & Green in *The language of Riddles* ist klar, dass viele Mehrdeutigkeiten in Rätseln enthalten sind. Es gebe Rätsel, die sich nicht ausschliesslich auf gedankliche Zusammenhänge, sondern ebenso auf sprachliche Inhalte beziehen würden. Ähnliche Prinzipien spielten sich in Sprichwörtern und Metaphern ab. Beim Lösen von Rätseln begegneten wir deshalb einer breiteren Sphäre der Kunst, denn Rätsel seien weit weg davon, nur ein amüsierender Teil von Unterhaltung zu sein; sie seien vielmehr untrennbar verbunden mit intellektuellen menschlichen Systemen wie der Sprache, der Kultur und der Kunst.

Rätsel zeigen sich eben im Zusammenspiel von gesprochener und geschriebener Sprache, in mündlicher und visueller Wahrnehmung von grammatischen Mehrdeutigkeiten und von ausgenützten Missverständnissen durchaus kreativ. Der Schluss liegt nahe, dass deshalb Literatur ganz allgemein vom Rätsel geprägt ist.

Auch deutschsprachige Rätsel sind nicht nur Amüsement und Zeitvertreib, auch sie bewegen sich im Umkreis von Kunst und sind sprachlich an ihren Stilmitteln erkennbar, wenn sie z. B. in Gedichtform gefasst oder als Verse in Theaterstücke eingebunden sind. Und wir werden sehen, dass sogar kryptische Kreuzworträtseltexte mit einer ähnlichen Kreativität wie schwierige Rätsel und Gedichte zu Werke gehn.

Paul Claes sagt: „Der Dichter verrätselt in seinem Werk die Welt" und zeigt damit die nahe Verwandtschaft von Gedichten und Rätseltexten in *Neue Deutung der NEUEN GEDICHTE* (2009, 25) auf. Gemäss Claes (ebd.) findet die Einheit von Subjekt und Objekt im Rätsel sogar ihre Idealform: Rilke sehe diese Idealform in der Figur von Buddha verkörpert, da diese schwebende Konzentration beim Rätselraten wie ein meditativer Akt erlebt werden könne:

Buddha

Als ob er horchte. Stille: eine Ferne...
Wir halten ein und hören sie nicht mehr.
Und er ist Stern. Und andre grosse Sterne,
die wir nicht sehen, stehen um ihn her.

O er ist alles. Wirklich, warten wir,
dass er uns sähe? Sollte er bedürfen?
Und wenn wir hier uns vor ihm niederwürfen,
er bliebe tief und träge wie ein Tier.

Dann das, was uns zu seinen Füssen reisst,
das kreist in ihm seit Millionen Jahren.
Er, der vergisst, was wir erfahren,
und der erfährt, was uns verweist.

Rainer Maria Rilke, 1905

Dieses Gedicht spricht von der Buddha-Figur, die bedürfnislos in sich ruht und wie ein Fixstern umkreist wird von unseren auf sie fixierten Gedanken, welche wie Planeten nach der Lösung des Geheimnisses oder des Rätsels dieser Sonne suchen.

EIN RÄTSELGEDICHT VON GOETHE

Das folgende Epigramm sollte die Prinzessin Turandot im gleichnamigen Theaterstück von Friedrich Schiller für den Prinzen Kalaf deklamieren. Goethe hatte es auf die Bitte von Schiller für eine Aufführung verfasst, da in diesem Stück stets neue Rätselaufgaben verwendet wurden – wahrscheinlich, um den Zuschauer/innen das erneute Mitraten zu ermöglichen.

Räthsel

Ein Bruder ist's von vielen Brüdern,
In allem ihnen völlig gleich,
Ein nöthig Glied von vielen Gliedern,
In eines grossen Vaters Reich;
Jedoch erblickt man ihn nur selten,
Fast wie ein eingeschob'nes Kind:
Die andern lassen ihn nur gelten
Da, wo sie unvermögend sind.

Aus *Goethes Werke* (1888, 287), Gedichte Zweiter Theil

Schiller bedankte sich in einem Brief vom 1. Februar 1802[2] in freundschaftlich kollegialem Ton für dieses Gedicht und schrieb dazu: „Das Ihrige *[das Räthsel]* habe ich noch nicht erbrochen, und ich würde glauben, es erraten zu haben, wenn mich die zwei letzten Zeilen nicht irre machten. Ich werde [...] das Ihrige erbrechen und alsdann die nötigen Worte für Kalaf aufsetzen und den Schauspielern zusenden."[3]

Das Gedicht besteht nur aus einer einzigen, mehrgliedrigen Aussage, mit den Umschreibungen eines Gegenstandes, aber ohne dessen Benennung. Das Gedicht ist also nicht nur im Titel als Rätsel gekennzeichnet, sondern auch in seinen Anspielungen auf eine Lösung als solches erkennbar.

Die abwechselnd neun- und achtsilbigen Zeilen des *Räthsels* enden einmal mit einer unbetonten Silbe und einmal auf eine betonte Silbe. Deren Rhythmus und Intonationen geben dem Gedicht abwechselnd etwas Fragendes und etwas Beantwortendes. Darin zeigen sich rein poetisch schon Rätselfrage und Antwort.

Die erste Zeile beginnt im Gedicht mit einer Inversion „Ein Bruder ist's" – was den „Bruder" als Metapher für die Lösung akzentuiert. Die Verwendung des unbestimmten Artikels „ein" (Bruder) erhöht die Menge der Lösungsmöglichkeiten. Als Metapher erfährt „ein Bruder" noch eine weitere Steigerung, indem sie mit den vielen gleichartigen „Brüdern in eines grossen Vaters Reich" grössere Zusammenhänge, wie z. B. grammatisch einen Oberbegriff anspricht. Poetisch betrachtet, beginnt schon die erste Zeile mit der rhetorischen Figur des Paradoxons: „Ein Bruder ist's von vielen Brüdern in allem ihnen völlig

---

[2] Im Online-Archiv von Weimar (GSA 2/1055 Bl 11vs).
[3] In: Emil Staiger 1966, 934: *Der Briefwechsel zwischen Schiller und Goethe*).

gleich", denn „in allem völlig gleich" sind sich Brüder eigentlich nie. Solche Ungenauigkeiten sind charakteristisch für Rätsel. Die Betonung auf diesen einen „Bruder", der es „ist" – nämlich die Lösung mit demselben Genus, als maskulines Nomen! – kann auf einen Menschen oder auf ein Objekt mit maskulinem Genus unter vielen, „ihm völlig gleichen" hinweisen. Ausserdem sieht man „diesen" aber „nur selten" und er muss des weiteren ein nötiger Teil unter vielen „im Reich eines grossen Vaters" sein.

Man könnte vermuten, dass „Vater" als Metapher für Gott verwendet wird und Menschen sich ins Reich Gottes einreihen. Eine wörtliche Interpretation legt die Lösung ‚Kuckuckskind' nahe, was allerdings nicht stimmig scheint, da es seinen Brüdern ja eben gerade nicht gleicht. Wenn aber „Vater" als Metapher für ein Oberhaupt steht, dann meint „Vaters Reich" möglicherweise einen Oberbegriff, womit seine „Söhne" die zugehörigen Unterbegriffe wären.

Die Lösung schliesslich liegt darin, als „Vaters Reich" das Jahr, als Oberbegriff für 365 Tage, zu verstehen, dem „selten", nämlich alle vier Jahre, ein sogenannter SCHALTTAG „eingeschoben" wird. Schalttag hat das gesuchte maskuline Genus, Jahr und Reich sind beides Neutra. Dass sich die beiden Endreime „selten" und „gelten" mit dem Verb ‚schalten' reimen, mag ein weiterer Hinweis auf das gesuchte Wort SCHALTTAG sein. Dementsprechend verfasste Schiller für die Rolle des Prinzen Kalaf, der im Stück die Rätsel lösen muss, die folgenden Verse (Regest-Ausgabe 1764-1817, gemäss Laszlo 2001, 67):

> Der Sohn, der seinen vielen „Brüdern"
> in allen Stücken „völlig gleicht"
> und dennoch nur in ihren „Gliedern"
> wie „eingeschoben" unterschleicht -
> was gleicht sich wie ein Tag dem Tage?
> Es ist der Schalttag, den du meinst.

Schiller versieht in diesem sechszeiligen Lösungsgedicht Kalafs Text mit einer direkten Anrede an die Prinzessin Turandot und klingt an die Versform Goethes an, indem er dessen Formulierungen persifliert und das Rätsel ausschnittweise (s. die in Anführungszeichen gesetzten Stellen) wiederholt und damit das Rätsel in ein Frage-Antwortspiel einbindet, was dessen Rätselcharakter verstärkt.

VERGLEICHE

Bei Rätseln, bei Gedichten und bei Rätselgedichten kommen als Stilmittel Satzfragmente zum Einsatz sowie Reime und vielfältige rhetorische Figuren. Diese können Hinweise geben auf Numerus, Genus, Kasus und Tempus des Lösungswortes und auf dessen Form, z. B. als Kompositum, als Palindrom, Anagramm etc. Des Weiteren ist Mehrdeutigkeit in ihren zwei Prägungen Polysemie und Homonymie ein beliebtes Mittel der Verrätselung. Für die Lösungsfindung helfen auch die sprachlichen Untersuchungen der formalen und der semantischen Aspekte des Texts, da jeder Rätsel- oder Gedichttext mit der Wissens- und Vertrautheitsebene der Lesenden spielt. Die etymologische Eruierung des Texts bringt zudem dessen historische Umgebung und dessen ursprüngliche Textfunktion zum Vorschein.

Die sprachliche Nähe von Rätselgedichten zu kryptischen Kreuzworträtseltexten zeigt sich in deren verdichteten

Sprachform, die sie beide als Stilmittel auf der syntaktischen und semantischen Ebene prägen. In der äusseren Textform unterscheiden sich aber Rätselgedichte und kryptische Hinweise entscheidend: Die Poesie eines Rätselgedichts qualifiziert es gegenüber den kryptischen Lösungshinweisen als ungleich kunstvoller, denn die Form von kryptischen Kreuzworträtseltexten ist durch viel kürzere Lösungshinweise bestimmt, die völlig willkürlich ausgewählt und thematisch ohne Zusammenhang sind.

Die Rätsellösung hat bei beiden Formen einen thematischen Bezug zum Rätseltext bzw. zum Lösungshinweis und kommt über sprachliche Gegebenheiten und deren Bedeutungsfindungen zustande. Bei beiden ist eine gewisse Vertrautheit mit den Hinweisformen von Nutzen. Die Lösungen bewirkten bei beiden den Endpunkt des Zeitvertreibs. Ein Rätsel ‚stirbt', wenn man so will, mit dessen Lösung – im Falle eines Kreuzworträtsels ist das Ende durch das gefüllte Lösungsgitter bestimmt.

Dem gegenüber ist ein literarischer Text wie ein Gedicht, das zunächst auch rätselhaft erscheint, nach dem ‚Lösen' – oder nach seiner Interpretation – nicht unbedingt ‚tot'. Der Text kann immer wieder gelesen und sinnerweiternd aus anderen Perspektiven betrachtet und auf neue Aspekten untersucht werden, da Gedichte zwar – wie Kunstwerke allgemein – Rätsel aufgeben, aber viele Lösungen zulassen.

Auch wenn kryptische Kreuzworträtseltexte kleinen literarischen Kunstwerken nahekommen, ist ein Kunstanspruch schon durch die Eigenschaft ihrer eindeutigen (Auf-) Lösbarkeit zu hoch gegriffen.

KREUZWORTRÄTSEL

Kreuzworträtsel haben unter den anderen Worträtseln von ihrer Herkunft und Entwicklungsgeschichte her eine ganz eigene Art der Erscheinung, Handhabung und Verbreitung.

DAS ERSTE KREUZWORTRÄTSEL

Das erste veröffentlichte Kreuzworträtsel erschien am 21. Dezember 1913 in der Sonntagszeitung *The New World* in den USA, geschaffen von Arthur Wynne, einem seiner Redakteure. Die Gitterform des Rhomboids war (s. unten) eine symmetrische, erlaubte im Unterschied zum früheren Magischen Quadrat aber Lösungswörter mit verschiedener Anzahl von Buchstaben. Die Nummerierungen meinten nicht nur die Wortanfänge, sondern bezeichneten die Anfangs- und die Schlussbuchstaben eines Lösungsworts.

Erstes amerikanisches Kreuzworträtsel vom 21.12.1913 in The New World, USA.

2-3. What bargain hunters enjoy.	4-5. A written acknowledgment.
6-7. Such and nothing more.	10-11. A bird.
14-15. Opposed to less.	18-19. What this puzzle is.
22-23. An animal of prey.	26-27. The close of a day.
28-29. To elude.	30-31. The plural of is.
8-9. To cultivate.	12-13. A bar of wood or iron.
16-17. What artists learn to do.	20-21. Fastened.
24-25. Found on the seashore.	10-18. The fibre of a gomuti palm.

LÖSUNG:

					R				
				F	U	N			
			S	A	L	E	S		
		R	E	C	E	I	P	T	
	M	E	R	E		F	A	R	M
D	O	V	E			R	A	I	L
M	O	R	E			D	R	A	W
	W	A	R	D		T	I	E	D
		L	I	O	N	S	A	N	D
			E	V	E	N	I	N	G
			E	V	A	D	E		
				A	R	E			
					D				

Kreuzworträtsel haben also eine etwas über hundertjährige Geschichte. Obschon sie sehr beliebt sind, wurde dieser Textsorte nur wenig wissenschaftliche Beachtung geschenkt.

Allerdings gib es eine *National Puzzlers Ligue* (kurz NPL)[4], deren Mitbegründer George Eliot einen Artikel über Kreuzworträtsel verfasst hat.[5] Dieser Artikel, ein Interview mit Will Shortz[6], dem Herausgeber des ersten Crossword Puzzles von 1913, sowie Coral Amendes *Crossword obsession* liefern einige interessante Informationen zur Vorgeschichte der heutigen Kreuzworträtsel:

VORGÄNGER DER KREUZWORTRÄTSEL

Gemäss Coral Amende (2001,4 f.) sind die so genannten *Word Squares* die Vorgänger von Kreuzworträtseln; im deutschen Sprachraum werden sie Magische Quadrate genannt. Gemeint ist damit jene Kombination von Wörtern gleicher Länge, die in einem Quadrat angeordnet sind und die sich horizontal und vertikal gleichermassen lesen lassen.

Eines der bekanntesten und ältesten ist das lateinische SATOR QUADRAT[7]. Es trat schon im Mittelalter in verschiedensten Ausführungen und Materialien auf und diente als Amulett gegen bösen Zauber. Es ist ein lateinisches Palindrom, das aus den fünf Wörtern SATOR AREPO TENET OPERA ROTAS besteht, die in einem magischen Quadrat zusammengefügt sind, so dass man sie in waagrechter und senkrechter Richtung lesen kann. Seine bisher älteste Fundstelle ist die Wand eines pompejianischen Hauses (79 n. Chr.).

---

[4] Für englische Kreuzworträtselinteressierte existiert diese beschriebene Rätselgemeinschaft in Amerika bis heute; sie organisiert u. a. alljährlich ein langes Weekend für Rätselfreunde. (http://ss.puzzlers.org)

[5] George Eliot: *Brief History of Crossword Puzzles,* in: http://ss.crosswordtournament.com/more/wynne.html

[6] Interview mit Will Shortz auf http://wordplays.blogs.nytimes.co.-/-2010/12/21/shortz/

[7] Ein „Sator Quadrat" (15. Jh) steht als Randnotiz im Heinrich Seuse Büchlein Cod. 623(341) S. 64.

Diese so genannte „Sator-Formel" galt als besonders kräftiger Schutzspruch gegen jegliches Unheil, vor allem gegen Feuer, Diebstahl und Unwetter:

S	A	T	O	R
A	R	E	P	O
T	E	N	E	T
O	P	E	R	A
R	O	T	A	S

Faszinierend ist die bildlich-buchstäbliche Anordnung in einem Gitter, die augenscheinlich zusammengehalten wird durch das sich kreuzende, senkrecht und waagrecht lesbare Palindrom TENET, das „er/sie/es hält" bedeutet. Die Form des Buchstabens N in der Mitte mahnt wie eine Nabe an die Schaufeln eines Schwungrades, das zum Drehen anregt. Kein Wunder, dass aussen das Verb ROTAS und dessen Palindrom SATOR (was als Teufelskreis übersetzt werden könnte) wörtlich herumgedreht werden können. Im inneren Kreis dreht REPEREPE... (als Wiederholung) vor sich hin. Der lateinische Textsinn bietet einige Übersetzungsprobleme, da es z. B. den Begriff „AREPO" im Lateinischen nicht gibt.
AREPO lat.: Wahrscheinlich ein Eigenname; im Keltischen: Wagen oder Pflug.
OPERA lat.: die Werke oder mit Anstrengung.
SATOR lat.: Säer, Sämann, im übertragenen Sinn Vater, Gott, Schöpfer
ROTAS lat.: du drehst
TENET lat.: er hält oder erhält (in Betrieb / in Bewegung), er beherrscht.
Je nachdem, in welcher Richtung man liest und in welcher Reihenfolge man die Wörter kombiniert, ergeben sich (gemäss Ausstellungskatalog 2011, 45) die folgenden Übersetzungen:
Der Sämann AREPO hält die Räder mit Anstrengung / Der Säer [Gott] hält das Werk [die Erde], aber du drehst die Furchen / Gott dirigiert auf seinem Wagen die Räder der Himmelskarren mit Wissen (Weisheit) / Gott regiert und erhält die Werke der Schöpfung und was die Erde hergibt / O Vater, bete für unsere Zeit! Bete, handle und zeige dich, Hirte / Weiche Satan, bau in meinem Werk / Satan, ich bitte dich, ich hoffe auf deine Kunst / Satan, dreimal bitte ich dich, handle günstig / Satan, ich bitte dich, gib mir meine Kräfte zurück.

Setzt man alle Buchstaben neu zusammen, ergibt sich ein zweifaches PATER NOSTER und die Kreuzform, umrahmt von A und O für Alpha und für Omega.

Was auch immer die einstigen Bedeutungen oder Kräfte dieses Amuletts gewesen sein mögen, es ist in seiner Art ein faszinierender Vorfahre der heutigen Kreuzworträtsel.

Akrostichons sind eine weitere jener alten Rätselkunstformen. Schon im 6. Jh. v. Ch., so Amende (2001, 3), haben die Griechen Magische Quadrate und auch Akrostichons in Statuen eingeritzt. Bei deren Konstruktion wird ein Wort oder ein Begriff vertikal niedergeschrieben; jeder Buchstabe des vertikalen Wortes ist der erste Buchstabe eines horizontalen Wortes oder Satzes, die das vertikale Wort beschreiben oder damit assoziiert sind. Es können auch eine Serie von Linien oder ein Gedicht sein, indem der erste, der letzte oder ein besonders bezeichneter Buchstabe jeder Linie nacheinander ein Wort, einen Satz oder ein Motto ergeben.
Auch die Römer, z. B. Plautus (254-184 v. Chr.), brauchten Akrostichons, um ihre Stücke einzuführen und sie sind auch schon in der Bibel zu finden, z. B. in Psalmen mit 22 Versen, die alle nacheinander geordnet mit einem anderen Buchstaben des hebräischen Alphabets beginnen.

Coral Almende ergänzt dazu, akrostische Rätsel seien wie Magische Quadrate im 19. Jh. erstmals gedruckt in England aufgetaucht. Sie weist auch auf Queen Victoria's Double Acrostics (2001, 6), die jene für ihre Kinder erfand und in welchen nicht nur die ersten Buchstaben jeder Linie senkrecht gelesen ein Wort ergaben, sondern auch die letzten jeder Linie.

QUEEN VICTORIA'S DOUBLE ACROSTIC

* A city in Italy.
* A river in Germany.
* A town in the United States.
* A town in North America.
* A town in Holland.
* The Turkish name for Constantinople.
* A town in Bothnia.
* A city in Greece.
* A circle on the globe.

Taken in order, the first letters of the answer words spell out the name of an English town; and the last letters, taken from final to first, what that same town is known for.

Lösungen:
*NAPLE**S**
*ELB**E**
*WASHINGTO**N**
*CINCINNAT**I**
*AMSTERDA**M**
*STAMBOU**L**
*TORNE**A**
*LEPANT**O**
*ECLIPTI**C**

Erste Buchstaben:
NEW CASTLE
Letzte Buchstaben:
COAL MINES

Queen Victoria's „Double Acrostic" (in: Amende 2001,6)

Von Sam Loyd (2001, 7) stammt dieses witzige **Doublet**:
„From APE to MAN":

APE	**APE**
ARE	ARE
	ARM
...	AIM
...	RIM
...	RAM
...	RAN
MAN	**MAN**

Für die Umformungen der aufeinanderfolgenden dreibuchstabigen Wörter dürfen nur die Buchstaben R,M,N,I gebraucht werden und es wird erwartet, dass man alle Veränderungen der ‚Evolution vom Affen (APE) zum Menschen (MEN)' mit so wenig Umformungen wie möglich schafft. Das erste ‚Entwicklungswort' ist mit „ARE" gegeben.

Charles Dodgson, besser bekannt unter dem Namen Lewis Carroll als Autor von *Alice im Wunderland*, habe diese so genannten **Doublets** erfunden. 1879 habe er im Vanity Fair Magazine eine Anleitung dazu geschrieben:

„Two words are proposed of the same length; and the puzzle consists in linking these together by interposing other words, each of which shall differ from the next word in one letter only."

Der amerikanische Ingenieurstudent Sam Loyd und der Engländer Henry Ernest Dudeney waren gemäss Amende im 19. Jh. die bekanntesten Rätselautoren. Sie erfanden die originellsten Rätselunterhaltungen jener Zeit. Beide waren ursprünglich Erfinder von mathematischen Rätseln. Durch die Erfahrung mit diesen aber auch mit verschiedensten Worträtseln und Wortspielen, waren sie überzeugt, dass Rätsellösen die höchste Form intellektuellen Erkennens sei.

Eine Erfindung von Dudeney war ein täuschend einfaches Kreuzworträtsel-Nebenprodukt, bei dem jeder Buchstabe des (englischen) Alphabets vorkommt, was auch ein Standard-Beispiel für ein **Pangrammatic Riddle** ist:

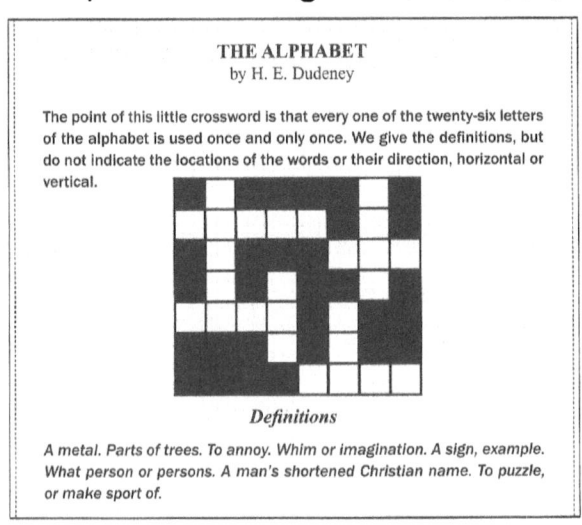

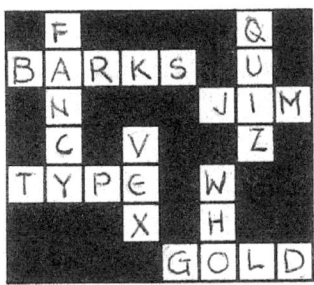

W.E. Dudeney's „The Alphabet", (Amende 2001, 8) mit Lösung (VV)

Am 4. Juli 1883 gründeten 34 Männer New York den Verein The Eastern Puzzler's League (EPL), ab 1920 National Puzzlers' League (NPL) genannt. Ihre Mitglieder produzieren bis heute die folgenden Rätselarten für Zeitungen: *The Eastern Enigma* oder heute nur *The Enigma*, ein Rätsel; *The Crypt*, ein Kryptogramm; *The Flat*, ein Rätsel, dessen Lösung aus einer einzigen Linie von Wörtern besteht und *The Form*, ein Rätsel, dessen Wörter in ein zweidimensionales Gitter eingetragen werden wie in ein Kreuzworträtsel oder wie in ein Magisches Quadrat.

GEGEBENHEITEN, REGELN UND HANDHABUNG

Kreuzworträtsel sind Rätsel, bei denen zu ratende Wörter buchstabenweise in ein System von senkrecht und waagrecht sich kreuzenden Reihen von quadratischen Kästchen eingetragen werden müssen.
(Duden Universalwörterbuch 2003, 963)

Ein Kreuzworträtsel besteht aus Text- und Bildelementen: Neben einem Titel sind da immer auch nummerierte Lösungshinweise und ein Lösungsgitter auszumachen. Bei Schwedenrätseln stehen die Hinweistexte direkt im Lösungsgitter. Leser/innen werden nicht nur zu Lösenden, sondern sind auch Schreibende. Sie sollen die Lösungswörter Buchstabe für Buchstabe in waagrechter oder senkrechter Reihenfolge in die vorgesehenen Gitterfelder hineinschreiben.

Das Lösungsgitter bietet mit seiner bestimmten Anzahl von Feldern und deren Komposition für die Lösungswörter eine Art von Lösungsgarantie. Eine endgültige Richtigkeit aber ist selbst mit einem gefüllten Lösungsgitter nicht garantiert, weil blinde Felder eine gewisse Fehlbarkeit zulassen, da sie nur durch ein einziges Lösungswort gesichert sind.

Das Eintragen der Lösungswörter in Grossbuchstaben in die Felder des Lösungsgitters erfolgt in senkrechter oder waagrechter Richtung, beginnend bei den Nummern und führt zu gemeinsam genutzten Buchstaben an den Kreuzungen. Durch das Eintragen der Lösungswörter in Grossbuchstaben werden Orthographie-Regeln gelockert: Gross- und Kleinschreiberegeln sind im Schriftbild nicht mehr erkennbar und somit ausser Kraft gesetzt.

Die meisten Buchstaben können also für in waagrechter Richtung gesuchte Wörter sowie für die dazu senkrecht einzutragenden gelten. Das ergibt die Besonderheit, dass bei einer Lösungsmöglichkeit oft nicht nur ein Lösungswort, sondern auch noch die senkrecht dazu stehenden Wörter zu vermuten sind, um alle, miteinander verknüpfend, zu erraten. Diese Gegebenheit kann das Lösen erschweren, aber auch erleichtern, indem für ein Wort schon Buchstaben aus einem oder mehreren quer dazu stehenden Begriffen vorhanden sind. Durch die sich mehrenden eingetragenen Lösungswörter kommt ein Lösungs-Beschleunigungseffekt im Gitter zustande. Sind alle Kästchen gefüllt, ist das Kreuzworträtsel gelöst.

Das Resultat ist ein Bild aus Buchstaben, die als Text keinen zusammenhängenden Sinn ergeben und somit fast unleserlich geworden sind. Die Lösung ist also eine offensichtliche Auflösung in einem Chaos von einzelnen Buchstaben. Sie kann noch der Nachkontrolle dienen, hat aber keinen weiterführenden Sinn. Die abgenutzte Seite mit ihren Bleistift- und Radierspuren zeugt vom Ausprobieren und von Irrtümern – sie ist verbraucht. In der Handhabung von Kreuzworträtseln liegt also deren Nützlichkeit als Zeitvertreib und damit zugleich deren Vergänglichkeit.

EINFACHE UND KRYPTISCHE KREUZWORTRÄTSEL

Einfache und kryptische Kreuzworträtsel haben ihre Grundform, die aus Hinweistexten für die Lösungswörter und einem Lösungsgitter besteht, gemeinsam. In ihrer Form und Begrenzung können sie eine unterschiedliche Anzahl von Lösungshinweisen und dementsprechenden Umfang ihrer Lösungsgitter aufweisen. Die Hinweistexte sind in einfachen Kreuzworträtseln separat oder bei Schwedenrätseln im Gitter selbst, d. h. in den sonst ausgesparten, schwarzen Feldern aufgeführt. In den schwierigen kryptischen Kreuzworträtseln sind die Texte vom Gitter separiert und im Gitter sind die Begrenzungslinien für Wortanfänge und -endungen meist mit dickeren Linien gekennzeichnet. Sie erscheinen meist nur wöchentlich, in Magazinen, Wochenzeitungen und anderen Zeitschriften.
Einfache Kreuzworträtsel beruhen auf einfachen Fragen oder Definitionen. Sie provozieren keine komplexen Überlegungen. Sie fragen in kürzester Form Wissen ab und geniessen ihre Verbreitung als Massenware in Tageszeitungen und Rätselzeitungen.
Ein typisches Beispiel für die zahlreichen Preiskreuzworträtsel, die in den meisten Zeitungen zu finden sind, ist jenes der Gratiszeitschrift *20 MINUTEN*: Auf einer Seite

sammeln sich dort unter dem Titel *BREAK* nebst dem Kreuzworträtsel Horoskope, zwei Sudokus, bei denen unter den richtigen Einsendungen täglich ein Gewinner oder eine Gewinnerin von 300 Franken ausgelost wird. Das Kreuzworträtselgitter mit 9x20 Feldern weist viele bildhafte Elemente auf. Die Hinweistexte stehen in den sonst gefärbten Feldern – was dieses Kreuzworträtsel als Schwedenrätsel definiert – und daraus weisen Pfeilspitzen auf dasjenige Feld, in das der Anfangsbuchstabe des Lösungswortes eingetragen werden soll. Die Lösungshinweise bestehen aus Synonymen oder kurzen Definitionen der Lösungswörter, wie z. B.:

Für ERBEN:
– die **Verbdefinition**: „Vermächtnis empfangen".
Für SH:
– der **implizite Abkürzungshinweis**: „Kanton Schaffhausen".
Für EDU:
– die **explizite Abkürzungsbezeichnung**: „Abk.: Eidg. Demokrat. Union".
Für ELI:
– die **Berufsbezeichnung** und der **Buchhinweis**: „bibl. Priester".
Für SEGLER:
– den **Oberbegriff**: „Wassersportler".
Für ORT:
– die **Synonyme**: „Platz, Stelle".
Für GETUE und auch für ALLUERE:
– gleich zweimal das **Synonym** „Gehabe", einmal mit der Numerus-Angabe „Ez." (Einzahl)
Für WORT:
– die **grammatische Umschreibung**: „Teil des Satzes".
Für LUEOEND
– die **Berufsbezeichnung** mit der **Verortung** und dem **Vornamen**: „schweiz. Schauspieler (Walo)".

Auf Fremdwörter und Idiome wird mit den entsprechenden Abkürzungen hingewiesen:
Für ANTE:
– die **grammatische Bezeichnung**: „Fremdwortteil: vor".
Für das **französische Nomen** VERRE:
– mit: „frz.: Trinkglas".

Die Lösungshinweise müssen auf kleinstem Raum (1cm^2) Platz finden. Die Wissensgebiete sind wie in allen Kreuzworträtseln bunt gemischt. Einige Felder sind hellblau ausgefüllt und nummeriert. Deren Buchstaben ergeben in der Zählreihenfolge das sogenannte Lösungswort in der Gitterzeile unten rechts, das telefonisch, per SMS oder auf einer Postkarte der Redaktion von *20 MINUTEN* übermittelt werden kann. Eine Ecke ist im Gitter unten rechts ausgespart für die Abbildung des gelösten Kreuzworträtselgitters vom Vortag.

Im Gegensatz zu solch schnelllebigen Kreuzworträtseln stehen jene, die von den Lösenden grosses Rategeschick verlangen, wie z. B. dieses:

(38w) 01/2012: „Halbe Dante-Verehrte wird in Dublin verzehrt." (4B)   Lösung: RICE

Solche Lösungshinweise setzen wie althergebrachte Rätseldichtungen mehrere Gedankengänge mit Lösungsspekulationen voraus. In einem einfachen Kreuzworträtsel würde nach diesem Lösungswort z. B. nur mit dem einfachen Hinweis „Reis (engl.)" gesucht. Die Verrätselung des Wortes RICE bedient sich aber, kryptisch umschrieben, des Dichters Dante Alighieri, der nur mit Vornamen bezeichnet ist und einer Gestalt aus dessen Divina Comedia, der „verehrten" Beatrice. Und mit der „halben" Beatrice ist deren halber Name: RICE gemeint, dem englische Wort für Reis – aus dem Hinweis auf ein englisches Wort: „in Dublin" – der dort „verzehrt" werden kann. Solche Lösungshinweise in kryptischen Kreuzworträtseln wirken auf Anhieb befremdend und haben Ähnlichkeiten mit Rätseln. Wie die Analyse von Goethes Rätselgedicht gezeigt hat, ist es möglich, sprachlichen Verrätselungen auf die Spur zu kommen, da bei Rätseln die Lesbarkeit zwingend mit der Lösbarkeit verbunden ist: Die Lösung muss im Rätseltext irgendwie sprachlich umschrieben vorhanden sein. Kryptische Kreuzworträtsel stellen ausserdem grosse Ansprüche an das Allgemeinwissen ihrer Leser/innen und an deren Fähigkeit zum Verknüpfen verschiedenster Wissenswelten. Damit werden Lesende angesprochen, die einen wachen Geist und eine sensible sprachliche Wahrnehmung haben. Eine gewisse Vertrautheit mit der spezifischen Art des Schreibstils der Autorin oder des Autors hilft beim Nachvollzug von deren Themen.

Eines der herausforderndsten Kreuzworträtsel dieser Sorte ist das *Trudy Müller-Bosshard / Kreuzworträtsel*, (s. Paradebeispiel und dessen Lösung S. 39/40) das wöchentlich im gemeinsamen MAGAZIN verschiedener Samstagsausgaben von Schweizer Zeitungen erscheint. Sehr ähnlich gestaltet sind z. B. das Kreuzworträtsel in der *NZZ am Sonntag* oder das *KreuzWOZ* in der schweizerischen Wochenzeitung *WOZ* und natürlich das Kreuzworträtsel im MAGAZIN der deutschen Wochenzeitung *DIE ZEIT*, das den typischen Namen *UM DIE ECKE GEDACHT* trägt und einige andere in deutschsprachigen Magazinen.

WORTRÄTSELARTEN UND VERBREITUNG

Das Lösen von Kreuzworträtseln, schreibt Jacques Wittwer in *Mots croisés et psychologie du langage* (2004, 7), sei ein psychosoziales Phänomen, da es mit dem Dekodieren mentale Aktivitäten des Verstehens verbinde und von zahlreichen Bevölkerungsschichten ausgeübt werde. Dass fast alle Zeitschriften regelmässig vielerlei Arten von Kreuzworträtseln abdruckten, stütze diese Annahme. Diese Rätselleidenschaft erfasse nicht nur Europäer/innen, auch in den USA sei sie weit verbreitet.

In der Tat ist diese Rätselsorte in Zeitungen, Zeitschriften und Magazinen und in speziellen Rätselmagazinen global vorhanden. Auch im Internet haben sich Kreuzworträtsel in den letzten Jahren etabliert. Auf http://ss.janko.@-raetsel/sprachraetsel.htm finden sich z. B. viele tausend Sprachrätsel. Dazu existieren Kreuzworträtseldatenbanken (z. B. unter der Internetadresse www.kwdb.ch) in denen verschiedenste Hilfen für Kreuzworträtsellösungen angeboten werden: So findet sich beispielsweise unter *SUGGEST* eine Art Autovervollständigung von Begriffen. Daneben gibt es den *ERGÄNZER*, den *ANAGRAMM-SUCHER*, den *REIM-SUCHER*, den *BRIDGEBUILDER*, neu auch den *ONLINE RÄTSEL-TRAINER*, in dem täglich ein neues Kreuzworträtsel gelöst werden kann.

Während in Amerika das erste Kreuzworträtsel schon 1913 erschienen ist, werden die ersten Publikationen in England im Februar 1922 im *Pearsons Magazine* und am 1. Februar 1930 in der *Times* verzeichnet. Die britischen Puzzles waren von Anfang an schwieriger als die amerikanischen. Diese – erstmals so genannten – „kryptischen" Kreuzworträtsel etablierten sich und wurden sehr schnell populär. Amende (2001,14) beschreibt sie wie folgt: „In einem Kreuzworträtsel in Britischem Stil, wie in der London-Times, ist das Gitter meist nicht symmetrisch und es stehen am Ende der Lösungswörter eher dickere Trennlinien anstelle von schwarzen Quadraten. Die Lösungshinweise werden auf zwei Arten bezeichnet: als normale Definitionen und als Hinweise in einem Wortspiel."
Das erste deutsche (nicht kryptische) Kreuzworträtsel wird 1925 der *BERLINER ILLUSTRIRTEN* zugeschrieben. Sprachunabhängig gilt für alle Kreuzworträtsel, dass grundsätzlich möglichst viele Lösungshinweise die herauszufindenden Wörter bestimmen sollten. Nach dieser

Regelung wurden die Kreuzworträtsel während der ersten 50 Jahre ‚von Hand' entworfen. In guten Kreuzworträtseln sollte das Verhältnis von Gesamtfelderzahl zur Anzahl von Blindfeldern mindestens 4:1 sein. Heutige einfache Kreuzworträtsel werden zunehmend von Computersoftware hergestellt. Dies ist bei kryptischen Kreuzworträtseln nicht möglich, sie können nur von Autor/innen oder Autorenkollektive entworfen werden. Aufgrund ihres hohen intellektuellen Anspruchs erlangen sie nicht selten Kultstatus.

Äusserlich wird im englischen Sprachraum viel Wert auf Rotationssymmetrie der schwarzen Felder gelegt. Dies ist im Deutschen nicht in diesem Masse der Fall. Nur bei den Freitagsrätseln in der *FAZ* (Frankfurter Allgemeine Zeitung) sind die schwarzen Felder immer rotationssymmetrisch angelegt wie auch die Rätsel *WAHRHAFTIG UND VERBORGEN* in der *TAZ*, der Tageszeitung von Berlin.

Britische Kreuzworträtsel in der *LONDON TIMES* sind ähnlich wie die deutschsprachigen kryptischen aufgebaut (mit verdickten Linien, nicht mit schwarzen Quadraten). Die Lösungshinweise werden vom Autorenteam Emily Cox & Henry Rath in England interessanterweise in zwei Arten angeboten: Zum einen sind die Lösungswörter normal einfach definiert, zum anderen aber auch verrätselt verfasst.

Autor/innen von *Cryptic Puzzles* sollten – nach A.F. Ritchie und D.S. Macnutt (s. Eliots Internetartikel) – die Fähigkeit haben, Wörter in vorgegebenen Gittern zusammenzustellen und diese vielfältig zu umschreiben, d. h. in Wortspielen mit dem Witz und dem Verstand der Lesenden zu „tanzen"! Solche Autor/innen haben Standardwerte gesetzt für qualitativ hochstehende Kreuzworträtsel. Sie zeichnen sich auch im deutschsprachigen Raum durch ihren persönlichen Sprachstil aus.

Das Kreuzworträtsel ist ein Kind des 20. Jahrhunderts. Seine Eleganz beruht auf der Weiss-Schwarz-Komposition und traf dabei den Zeitgeist des frühen 20. Jahrhunderts, wie sie etwa die Kunstrichtung der Bauhaus-Architekten und -Künstler propagierte.

Rätselhefte gelten leider oft als Rentnerlektüre und sind auch entsprechend aufgemacht. Da ist es kein Wunder, dass im 21. Jh. das veraltete Kreuzworträtsel abgelöst wird durch das Sudoku, das nur noch reine Zahlenlogik fordert. „Die junge Generation hat am Denksport kaum Interesse," sagt der Heidelberger Psychologe Joachim Funke, „die sitzt lieber vor dem Computer." Inzwischen gibt es aber online spielbare Kreuzworträtsel, die mit modernen Rätselthemen und ungewöhnlichen Spielfunktionen (z. B. ‚schummeln' oder ‚Infos holen') eine neue Rätselgeneration darstellen.

Und ausserdem haben Kreuzworträtsel und Sudoku eines gemeinsam, schreibt Drösser (s. NZZ Folio, Dez. 2007) „Sie entwickeln ihre Anziehung aus dem Bestreben des Menschen leere Kästchen zu füllen. Und bei beiden Gattungen steigert sich der Spieler in ein furioses Endspiel hinein: Die letzten Kästchen werden immer schneller ausgefüllt, so dass das Gehirn auf den Triumph sofort mit Entzug reagiert: Wo ist das nächste Rätsel?"

KRYPTISCHE KREUZWORTRÄTSEL

TMB-KREUZWORTRÄTSEL UND VERWANDTE

Zu den typischen und seit Jahrzehnten regelmässig erscheinenden kryptischen Kreuzworträtseln gehört seit 1993 das „Trudy Müller-Bosshard / Kreuzworträtsel" im *MAGAZIN* der Tamedia AG Zürich, das mit den 98 Exemplaren der Jahre 2009-2011 das Forschungskorpus meiner Doktorarbeit über Rätseltexte bildete. Dass seit Januar 2012 nur noch der Name der Autorin „TRUDY MÜLLER-BOSSHARD" über dem Gitter steht, deutet darauf hin, dass ihr Name zu einem Label für dieses besondere Kreuzworträtsel geworden ist.

Die Sprachbesonderheiten der Lösungshinweise in den Kreuzworträtseln von Trudy Müller-Bosshard (kurz „TMB" genannt) sind in deren besonderen Satzkonstruktionen zu finden und in spezifischen Formulierungen, die auf Fremdsprachen oder Dialekte, Wortarten, Abkürzungen oder buchstäbliche Gegebenheiten hinweisen, aber auch in rhetorischen Figuren, mit denen Lösungswörter umschrieben sind.

Wie in vielen Kreuzworträtseln gibt es auch beim TMB-Rätsel eine sogenannte Lösung, ein Wort, dessen Buchstaben im Gitter in den grauen Feldern, waagrecht fortlaufend, verstreut sind. Im Unterschied zu Preisrätseln, in denen sich die Lösung allein aus den ausgefüllten Feldern ergibt, ist die Lösung bei den TMB-Kreuzworträtseln ebenfalls mit einem verrätselten Hinweis versehen. Hat man das Wort erraten, können die Buchstaben in der Gitterzeile eingetragen werden und diese helfen vice versa beim Finden der Lösungswörter der übrigen Hinweise mit. Diese Hinweise zur Lösung sind meist noch witziger als die übrigen Lösungshinweise gestaltet und zielen oft auf Wörter ab, die doppeldeutig sind oder sogar Wortneuschöpfungen darstellen. Zur Illustration derer ausgesprochen originellen Verrätselungen finden sich im Anhang alle LÖSUNGEN und deren Hinweise von 2010 – da sie viel zum Kultstatus der TMB-Kreuzworträtsel beitragen.

Solche Lösungswörter, deren Buchstaben im Gitter „waagrecht fortlaufend" in den grauen Feldern über das Lösungsgitter verstreut sind, bilden bei Preisrätseln meist das entscheidende Lösungswort.

In einem Interview verriet mir Trudy Müller-Bosshard ihr Vorgehen bei der Konstruktion ihrer Kreuzworträtsel: Sie fülle zuerst die potenziell langen Lösungswörter ein – sie verwalte dafür einen Vorrat an 16/17-buchstabigen Lösungswörtern, den sie ständig erweitere – und arbeite sich dann sukzessive durch das Lösungsgitter vor, was meist gegen Ende Kombinationsschwierigkeiten ergebe. Solche Einfüllvorgänge könnten zusammen mit den grafischen Ab- und Angrenzungen weitgehend an entsprechende Computersoftware delegiert werden. Die Felder würden dann bei den Wortanfängen fortlaufend nummeriert. Dann erst verfasse sie die Lösungshinweise zu den senkrecht und waagrecht einzuschreibenden Lösungswörtern – diese sprachlich herausfordernden kompliziert verrätselten Umschreibungen.

In deutschsprachigen Zeitschriften sind neben TMB-Kreuzworträtseln auch andere kryptische Kreuzworträtsel aufzufinden, die ebenso schwierige Verrätselungen aufweisen und ein gleich grosses Allgemeinwissen ansprechen. Sie werden auch im Internet an der Seite von unzähligen einfachen Kreuzworträtseln angeboten. Die meisten kryptischen Kreuzworträtsel erscheinen aber in Wochenzeitschriften.

Allen kryptischen Kreuzworträtseln gemeinsam ist, dass sie sich durch gut verrätselte, variantenreiche Lösungshinweise auf eine grosse Palette von Lösungswörtern auszeichnen. Die Lösungsgitter solcher Kreuzworträtsel sind sich in ihrem Umfang ähnlich. Die meisten kommen ohne Preisversprechung aus und die Lösungen werden, wie bei den TMB-Kreuzworträtseln, in der nächsten Ausgabe publiziert. Originelle Namensgebungen zeichnen sie oft aus. Eines der bekanntesten im deutschsprachigen Raum ist das *UM DIE ECKE GEDACHT*, das im deutschen Magazin der *ZEIT* erscheint. Der grösste Unterschied besteht – wenig überraschend – darin, dass sich die angesprochenen Aktualitäten primär auf Deutschland beziehen. Auch erfordert dieses Kreuzworträtsel kein so grosses Fremdsprachenwissen wie jenes von TMB; und seine Sprachverteilung – primär Deutsch und dessen umgangssprachlichen und dialektalen Varietäten sowie Englisch und Latein, wenig Französisch und andere europäische Sprachen – widerspiegelt das Besondere der deutschen Sprachgepflogenheiten. Von den *ZEIT*-Kreuzworträtseln sind unter dem Titel *ECKSTEIN* bereits zwölf Ausgaben für den Buchhandel erschienen, die jeweils 66 Kreuzworträtsel umfassen. Zum Vergleich: Die TMB-Kreuzworträtsel sind bis 2013 in drei kartonierten Sammelbänden à ca. 100 Rätsel erschienen. Diese Kompaktausgaben zeigen, dass die Nachfrage über die wöchentlichen Ratemöglichkeiten hinausgeht und Sammelbände für den Buchhandel interessant sind. Die *UM DIE ECKE GEDACHT*-Kreuzworträtsel der *ZEIT* können, wie TMB-Kreuzworträtsel, auch online gelöst werden.

EIN TMB-KREUZWORTRÄTSEL ALS PARADEBEISPIEL

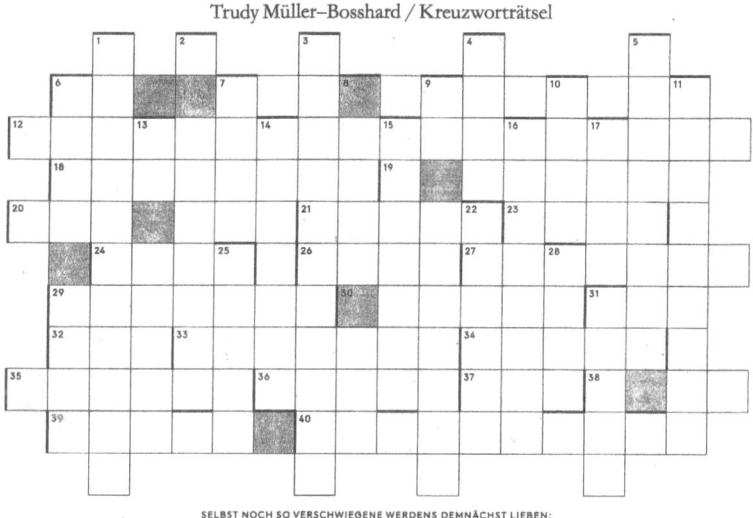

Trudy Müller-Bosshard / Kreuzworträtsel

SELBST NOCH SO VERSCHWIEGENE WERDENS DEMNÄCHST LIEBEN:
Die Lösung ergibt sich aus den grauen Feldern waagrecht fortlaufend.

WAAGRECHT (J + Y = I):
6 Hat bei vertikalen Tendenzen neuerdings Grenzen. 12 Werbemittelmittelsmann — und, je nach Saison, auch der Ahorn. 18 Interessiert daran, Klimaschädlingsbekämpfung zu dämpfen. 19 Würde für eine Hochhausinszenierung wohl als zu leicht taxiert. 20 Naheliegende Nachtruhestörung. 21 Sein Miezenbuch wurde zum Showbüsinesshit. 23 Seinen Kollega am Tiber gibts auch als Riegel. 24 Anders benamste Stiefmütterchen werden hier ausgebrütet. 26 Was gestern im Westen, paart sich mit Heute zur Gegenwart. 27 Entrüstete sich des nächtigen, die Sir-Walter-Gestalt. 29 Wird seines Markenzeichens mit Bleifüsschen getreten. 30 An Filmschaffenden gemahnender schnittiger Kahn. 31 Latin Lovers Art, so zu sagen. 32 Bezüglich Raum kaum das Mass aller Dingi. 33 Moralische Nieten gewissermassen. 34 In Illustrierte integrierte Moselstadt. 35 Bittsteller von Grundrechts wegen. 36 US-Lokal — bei uns ein Festmahl. 37 Dem Tagesanzeiger zu entnehmen: Fernreiseunternehmen. 38 Strick — Westminstergänger im Rückblick. 39 Was Wache Stehende gehend drehen. 40 Ihr Eurovisions-Hit: Bitte eines verspäteten CFF-Passagiers.

SENKRECHT (J + Y = I):
1 Führt verständlicherweise zu Mitwissensfrust. 2 Zeigen nach dem Würfelfall die gleiche Augenzahl. 3 Als Kriterium ein Fall fürs Ausgabenbremspedal. 4 Filmbeau aus dem Ahnenzeughaus. 5 Das County für Steinkreis-Pilgerreisen. 6 Der Küster als Wecker. 7 Von BR Moritz ins Netz gesetzt. 8 Ein Vorbild in Sachen Goodlook. 9 Kleidet in Worte, was sie sichtet vor Ort. 10 Ein Paradebeispiel, zur Schau gestellt. 11 Getränkherstellung — macht, rein theoretisch, Golfutensil steril. 13 Geschieht in der Schweiz mit heissen Eisen. 14 Der Pierre neben Héloïse auf Père Lachaise. 15 Gemahnt an spannende Madame, die Louis-seize-Chaise. 16 Auf ihr bewegt sich der Bergfex nach links oder rechts. 17 Die Schweizer Sippe lässt sich zu drei Vierteln an zwei Hands abzählen. 22 Sozusagen unter der Gürtellinie für die, die ob derselbigen liegen. 25 Kerle und Perlen aufwertender Vorsatz. 28 Was die Soubrette an der Met schmettert. 31 Erfolge in Folge.

LÖSUNG N° 50: HIRSCHMANN
WAAGRECHT (J + Y = I): 6 DREIGROSCHENOPER. 13 JUNIORENARBEIT. 18 WINTERURLAUB (Katy Winter). 19 SNOB in Friedenssnob-elpreis. 20 GELAGE. 21 TSCHUESS (Ciao). 22 Henrik IBSEN (Familiendrama «Gespenster»). 23 EFEU. 24 HERMELIN. 25 SUCHDIENST. 29 IDYLL. 32 BOCHE (diffamierende Bezeichnung für Deutsche). 33 OERE. 34 ARTE. 35 TEIG (Mailänderli). 36 HEILSARMEE. 37 STILE resp. Style. 38 PAUSENTEE. 39 UNKENART.
SENKRECHT (J + Y = I): 1 LEUTESCHEU. 2 KORREFERAT. 3 DERBHEITEN. 4 LOESEMITTEL. 5 VETOS. 6 DAILY SOAP. 7 RINGBUCH. 8 GIRANDOLE (Feuerwerk). 9 Dani le ROUGE (Übername von Cohn-Bendit). 10 SELTENER Gast. 11 HAUCH. 12 PINSELEI. 14 (Gar-)NELE. 15 NASUS (lat. für [Adler-]Nase). 16 BAUR au Lac. 17 ABBIEGER. 26 HEISS. 27 YES (We Can). 28 TREU. 30 DESK in Bun-desk-anzleramt). 31 «Die Farbe LILA» (Film mit Whoopi Goldberg, Regie: Steven Spielberg). 34 AMEN (men = engl. für Männer).

HELPLINE FÜR RATLOSE: Sie kommen nicht mehr weiter? Wählen Sie 0901 591 957 (1.50 Fr./Anruf), um einen ganzen Begriff zu erfahren. Wenn Sie nur die Anfangsbuchstaben wissen möchten, wählen Sie 0901 560 011 (90 Rp./Anruf).

LÖSUNG TMB-KREUZWORTRÄTSEL 51/52 2009

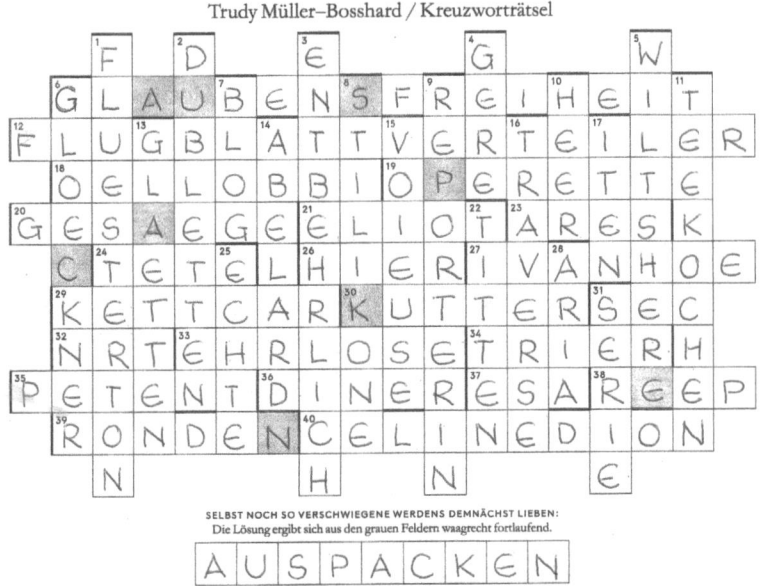

INFORMATIVES ZUR EDITION

Im jeweils samstags erscheinenden MAGAZIN des *TAGES-ANZEIGERS* findet sich seit 1993 eine Kreuzworträtsel-Seite. Sie trug bis Ende 2011 explizit den Namen „Trudy Müller-Bosshard / Kreuzworträtsel" und ab 2012 nur noch die Überschrift: „Trudy Müller-Bosshard".
Dieses MAGAZIN ist seit 2003 auch Beilage der Samstagsausgabe verschiedener Deutschschweizer Tageszeitungen (BASLER ZEITUNG, BERNER BUND, BERNER ZEITUNG) und wird von der TAMEDIA AG, mit Sitz in Zürich, herausgegeben. Das MAGAZIN hat eine eigene Redaktion und beinhaltet Artikel aus verschiedenen Wissensgebieten, in denen meist aktuelle Themen journalistisch aufgearbeitet sind. Ergänzend sind Kolumnisten für das MAGAZIN tätig. Es ist in der schweizerischen Presse-

landschaft ein Begriff für sozial- und umweltengagierten, politisch eher ausgewogenen Feuilleton-Journalismus und spricht ein Segment von weltoffenem Leser/innen an.

Eine der letzten Seiten im MAGAZIN ist jeweils für das kryptische Kreuzworträtsel reserviert. Sein Erscheinen am Samstag wird für viele seiner Verschworenen zur willkommenen Weekend-Unterhaltung. Es ist seit seinem ersten Erscheinen immer mehr zum Kultkreuzworträtsel avanciert. Die Lösungswörter sind in den TMB-Kreuzworträtseln in den entsprechenden Lösungshinweisen mit grosser Sorgfalt verschlüsselt und zeugen von einer akribischen Arbeit am Text. Die Helpline scheint ein Erfordernis zu sein für vergeblich Ratende. Diese Lösungshilfe gibt es seit 2009. Auf den Blog[8], auf dem sich die Rätsellösenden des TMB-Kreuzworträtsels ausserdem über ihre Verständnisfragen austauschen können, wird nicht hingewiesen. Dort mischt sich die Autorin, wie sie im Interview mit der Verfasserin versicherte, nicht ein. Es interessiere sie nicht, sagt sie, wie die Ratenden ‚tickten', denn sie wolle sich von ihnen nicht beeinflussen lassen.

Ergänzend existieren bis heute drei Sammelbände ihrer Kreuzworträtsel, die speziell editiert wurden, um den verlorenen Kontext (Bezüge zu Aktualitäten oder MAGAZIN-Inhalten) zu kompensieren. Die Kreuzwortseite im ist während der langen Zeit ihres Erscheinens im Layout nur minimal verändert worden und fester Bestandteil des MAGAZINS. Versuche, diese Seite wegzulassen, scheiterten jeweils an heftigen Leser/innen-Protesten.

---

[8] http://ss.kreuzwort.blogspot.com/

ZUM LÖSUNGSPROZESS

Materiell sind es ein Stück Papier, Bleistift und Gummi, was Ratende brauchen. Das genaue Lesen der Hinweise ist wichtig, um gut getarnte Details nicht zu übersehen. Das Einschreiben des gefundenen Begriffs ist dann ein Buchstabieren, wobei die Rechtschreibung – bis auf die Gross/Klein-Schreibung – eingehalten werden muss.
Zwischen dem Lesen und dem Schreiben liegt der intellektuelle Prozess des Suchens, des Ratens und des Lösens und vielleicht das Aha-Erlebnis beim Finden eines einleuchtenden und buchstabengenau passenden Begriffs. Bei Unsicherheiten oder Vermutungen wird ein Wort als eine Möglichkeit von vielen im Gitter provisorisch notiert. Dabei sind die Ratenden Gefangene ihrer Überlegungen, einerseits angetrieben von den in den Lösungshinweisen eingeschriebenen Fragen, die zu verschiedensten Wissenswelten entführen und andererseits eingeschränkt von der Anzahl Felder und den schon gefundenen Wörtern, welche die Möglichkeiten der noch offenen Lösungswörter einschränken.
Dies ist ein Spiel mit ‚trial and error', das Ausprobieren von Lösungen, das Sich-Irren und Erneut-Probieren. Lösungswege verlaufen sehr unterschiedlich: Ein erfolgreicher Lösungsprozess ist immer vom persönlichen Wissenshintergrund und von der gedanklichen Flexibilität geprägt – und dazu abhängig vom Vertrautheitsgrad der Lösenden mit dieser Rätselart.
Die folgende Schematisierung zeigt mögliche Enträtselungsschritte. Deren Reihenfolge ist nicht festgelegt und manche Stationen können ausgelassen, andere wiederholt werden. Aber die meisten Schritte sind für einen Lösungsprozess nützlich.

MEIN LÖSUNGSSCHEMA

> **Genaues Lesen**
> **Paraphrasieren**[9] des Lösungshinweises
> **Feststellen der Buchstabenanzahl und der evtl. schon vorhandenen Buchstaben im Gitter**
> **Ausbreiten der Wortfelder der einzelnen Wörter und Wortzusammenhänge im Lösungshinweis**
> **Beachten der intratextuellen**[10] **und intertextuellen**[11] **Hinweise und deren Verknüpfungen**
> **Herausfiltern möglicher Lösungswörter**
> **Nachprüfen des Lösungsworts am Hinweistext**
> **Ergänzen mit einem möglichen einfachen Hinweis**
> **Benennen der Lösungsstrategie**

Die Formulierungen der Lösungshinweise enthalten automatisch schon grammatische Hinweise auf das Lösungswort (Wortart, Numerus, Genus etc.) und die Wortfelder der vorgegebenen Wörter bieten viele mögliche Bedeutungen bzw. Aussagen an. Genaues Lesen ist erforderlich, um solche Wortspielereien nicht zu übersehen.
Der Lösungsvorgang beginnt mit einer Umformulierung des Hinweises, um dessen Andeutungen besser verständlich zu machen. Das Paraphrasieren der Lösungshinweise lässt die Ratenden nicht auf dem vorhandenen Satzfragment des Lösungshinweises, d. h. auf der Verkleidung der Lösung verharren, sondern demaskiert den Text schon etwas und eröffnet damit genauere Sinnzusammenhänge. Das Übertragen der kryptischen Lösungshinweise in leichter verständliche Sätze oder Fragen kann intendierte Definitionen und Fragen aufdecken

---

[9] Umformen.
[10] Mit Bezug auf andere Lösungshinweise oder -wörter.
[11] Mit Bezug auf andere Textwelten.

und damit das direkt und indirekt Angesprochene besser freilegen.

Das eigentliche Brainstorming und Rätseln und besteht aus entsprechenden grammatikalischen und inhaltlichen Überlegungen.

Bestimmte Wissenswelten werden in den Hinweisen aufgerufen, die bei den Ratenden präsent sind oder nachgeschlagen werden können. Diese sinnvoll zu verlinken ist die eigentliche Herausforderung für Lösende. Die Wortfelder der einzelnen Begriffe enthalten z. B. thematische Hinweise auf die angesprochenen Wissenswelten und auf Beziehungen zu anderen Texten oder Medien. Sie können mehrdeutige Begriffe enthalten oder auch mit Synonymen (Begriffe gleicher Bedeutung) operieren.

Die Lösung als Lösungswort muss dementsprechend einleuchtend sein und muss sich in die bereits vorhandenen Buchstaben einpassen: Die Selektion der Lösungsmöglichkeiten erfolgt im stetigen Vergleich zum Inhalt des Lösungshinweises. Eine grosse Rolle spielt dabei die Wortlänge, d. h. die vorgegebene Buchstaben-Anzahl der Lösungswörter, aber auch die Kombinierbarkeit des Lösungswortes mit Buchstaben aus andern, sich mit ihm kreuzenden Lösungswörtern im Lösungsgitter. Das Benennen der Lösungsstrategie hilft beim Lösen ähnlicher Lösungshinweise.

ALLE LÖSUNGSVORGÄNGE DES PARADEBEISPIELS

Um das Vorangegangene zu verdeutlichen, werden hier alle Lösungshinweise des **TMB-Kreuzworträtsels 51/52 2009** in ihrer numerischen Reihenfolge für waagrechte und senkrechte Lösungswörter mit deren geforderten Anzahl Buchstaben (B) aufgelistet und deren Lösungsvorgänge folgen meinem Lösungsschema. Ein einfacher Lösungshinweis ist jeweils für ein einfaches Kreuzworträtsel hinzugesetzt. Das Lösungswort wird, wo nötig, zusätzlich erklärt.

WAAGRECHTE LÖSUNGSHINWEISE UND DEREN LÖSUNGSWÖRTER

6 (16B) „Hat bei vertikalen Tendenzen neuerdings Grenzen."
Umschreibung: Wer oder was hat bei vertikalen Tendenzen neuerdings Grenzen?
Die elliptische Form dieses Lösungshinweises versteckt oder vermeidet ein Subjekt: Die Endreime „enzen" in Tendenzen und Grenzen verleihen dem Hinweis einen Unterhaltungswert, lenken damit auch etwas vom Rätsellösen ab. Etwas oder jemandem wird neuerdings bei vertikalen Tendenzen Grenzen gesetzt. Es bleibt offen, ob einem Menschen, einem Raum oder etwas Ideellem „Grenzen" gesetzt werden. Das Eingeschränkte kann alle Genera haben. Die „vertikalen Tendenzen" können als etwas in die Höhe Strebendes oder als eine beinahe senkrechte Richtung nach oben oder nach unten verstanden werden, was auf verschiedene Bereiche anspielt, etwa auf die Abfahrtsdisziplin beim Skifahren oder auf die Auf- oder Abwärtstendenz einer grafischen Kurve, z. B. für Börsenkurse. Die „vertikalen Tendenzen" könnten aber auch im Sinne von ‚zum Himmel strebend' gelesen werden. Es könnten beispielsweise Kirchtürme oder die hohen Bauten von Minaretten gemeint sein. Deren Neubau wurde in der Schweiz durch die im November 2009 zeitnah zur Kreuzworträtsel-Publikation stattgefundene Abstimmung verboten. Ein solches Verbot schränkt tendenziell (im Hinweis „Tendenzen" vorhanden) ein Menschenrecht ein, „setzt" der GLAUBENSFREIHEIT „Grenzen".
Lösungswort: **GLAUBENSFREIHEIT**
(Einfacher Hinweis wäre: Religiöses Grundrecht)
Lösungsstrategie: Die Suche nach etwas Passendem in aktuellen Zusammenhängen, das der Beschreibung entspricht und die darin enthaltene Frage beantworten kann.

12 (18B) „**Werbemittelmittelsmann** – **und, je nach Saison, auch der Ahorn.**"
Was haben der Werbemittelmittelsmann und, je nach Saison, der Ahorn gemeinsam?
Eine Eigenschaft ist als Lösung gesucht. Ein unüblich zusammengesetztes Kompositum ist die Bezeichnung für jemanden, der Werbemittel vermittelt oder verteilt. Das doppelte Auftreten von „mittel" – einmal mit der Bedeutung von ‚Vehikel' und einmal im Sinne von ‚vermitteln' – wird zum Stolperstein und zwingt zum genauen, bewussten Lesen, es wirkt als Wiederholung witzig und unterhaltsam. „Werbemittel" bestimmt den „Mittelsmann" genauer. Mit dem Gedankenstrich wird ein zweiter Aspekt „auch der Ahorn" angeführt, der dieselbe Eigenschaft hat, wie der „Werbemittelmittelsmann", und mit „je nach Saison" etwas eingeschränkt wird. Was ist also die Eigenschaft, die sowohl ein Mittelsmann als auch ein Ahornbaum zu einer bestimmten Jahreszeit gemeinsam haben? Beide haben mit ‚Blättern' – der eine mit den Blättern des Ahorns, der andere mit Werbeblättern – zu tun. Flugblätter sind ein Werbemittel. Beide sind also Verteiler von (Flug-)Blättern.
Lösungswort: **FLUGBLATTVERTEILER**
(Einfacher Hinweis wäre: Flyeranbieter)
Dieser Ausdruck ist eine ad hoc-Bildung aus „Flugblatt" und „Verteiler" und bezeichnet die Tätigkeit eines Ausläufers, der Flugblätter verteilt und kann als natürlicher Ablauf auch einem herbstlichen Ahornbaum als dem ‚Verteiler' von fliegenden Blättern zugesprochen werden.
Lösungsstrategie(n): Mehrdeutigkeiten klären.

18 (8B) „**Interessiert daran, Klimaschädlingsbekämpfung zu dämpfen.**"
Umschreibung: Wer ist interessiert daran, Klimaschädlingsbekämpfung einzuschränken?
Jemand ist gesucht, der Klimaschädigung zulässt. Durch den Binnenreim in „bekämpfung" und „dämpfen" und durch den wiederholten ä-Klang mit „schädlings" erhält die Formulierung ihren Unterhaltungswert. „Klimaschädlingsbekämpfung" ist ein unübliches Kompositum und als Bekämpfung der Verursacher von Klimaschäden zu verstehen. Der Hinweis enthält die ironische Frage, wer wohl daran „interessiert" sein wird, Verursacher von Klimaschäden nicht zu bekämpfen. Ein Hinweis auf deren Interessen liegt schon im einleitenden Verb „interessiert" – auf eine Industrie, die versucht, von der Öffentlichkeit als nicht Klima schädigend beurteilt zu werden. Das muss ein Industriezweig sein, wie z. B. die Ölindustrie, die eine Lobby bildet.
Lösungswort: **OELLOBBY**
(Einfacher Hinweis wäre: Eher ein Gegner der OPEC)
Lösungsstrategie(n): Doppelte Verneinung ‚übersetzen'.

20 (7B) **„Naheliegende Nachtruhestörung."**
Umschreibung: Wer oder was kann eine naheliegende Nachtruhestörung sein?
Die beiden Komposita wirken durch ihre Alliteration, aber auch durch ihre Semantik unterhaltsam. Eine „Nachtruhestörung" – etwas den Schlaf Störendes – könnte Lärm sein, irgendein Geräusch, das die Nachtruhe unterbricht. Das Adjektiv „naheliegend" kann sowohl wörtlich als auch im übertragenen Sinne gemeint sein. Was zu einer weiteren Umformulierung führt: Was liegt jemandem nahe, der Nachtruhe möchte, diese aufgrund der Störung aber nicht kriegen kann? Denkbar wäre ein/e Bettgenossen/in, der/die schnarcht. Gesucht ist aber nicht die Person, die stört, sondern die Störung selbst. Allerdings passen weder ‚Schnarchen' noch ‚Geschnärche' ins Lösungsgitter, so dass ein weiteres Synonym gefunden werden muss. Dieses findet sich – ‚um die nächste Ecke gedacht' – in der umgangssprachlichen Metapher ‚Gesäge'.
Lösungswort: **GESAEGE**
(Einfacher Hinweis wäre: Schnarchgeräusch)
Lösungsstrategie: Das Durchschauen von Doppeldeutigkeiten und das Finden einer Metapher – hier für ein Schnarchgeräusch im Vergleich mit einer Säge.

21 (5B) **„Sein Miezenbuch wurde zum Showbüsinesshit."**
Umschreibung: Wessen Miezenbuch wurde zu einem Showbusinesshit, in dem Katzen das Thema sind?
In diesem Hinweis referiert das Possessivpronomen „sein" auf die Lösung als vorläufige Lücke, auf den Erfolgsautor dieses „Miezenbuchs": Das Wortspiel Showbusiness und -„büsiness" verbindet amüsanterweise ein ähnliches Schriftbild im Englischen und im schweizerdeutschen Dialekt. Der Ausdruck „Büsi" (schweizerdeutsch für Katze) ist verdoppelnd zur umgangssprachlichen Mieze im „Miezenbuch" angewendet. Die Ähnlichkeit von „Showbüsinesshit" mit dem englischen ‚Showbusinesshit' deuten darauf hin, dass ein Hit aus dem englischen Sprachraum gesucht ist. Intratextuell deuten die Wiederholungen der Synonyme für Katze darauf hin, dass die Lösung etwas mit Katzen zu tun haben muss, wohl als Hinweis auf das Musical *Cats* von A. L. Webber. Die Vorlage für das Libretto von *Cats* bilden Katzengedichte des englischen Dichters T.S. Eliot (1888-1965).
Lösungswort: **ELIOT**
(Einfacher Hinweis wäre: Autor der Musicalvorlage *Cats*)
Lösungsstrategie: Erkennen von Anspielungen auf Idiome.

23 (5B) **„Seinen Kollega am Tiber gibt's auch als Riegel."**
Umschreibung: Von welchem „Kollega" am Tiber gibt's heute auch einen Riegel mit gleichem Namen?
„Seinen" steht als Possessivpronomen für einen männlichen

„Kollega am Tiber", der den Namen eines (Tür-/Schoko-/Getreide-)„Riegels" trägt. Es kann ein Grieche gesucht sein, dessen „Kollega am Tiber" (der Fluss, der durch Rom fliesst als Hinweis für ‚römisch') vermutlich ein „Kollega" aus der römischen Götterwelt war, der wie ein heutiger Schokoriegel hiess. Aus dem Wissen um Nahrungsmittel bietet sich der Name ‚Mars' dafür an. Der römische Kriegsgott Mars trug in der griechischen Götterwelt den Namen ARES. „Am Tiber" steht also für römische und deren „Kollega" für die parallelen griechischen Götterfiguren. Die Götter werden als Kollegen bezeichnet, was etwas von der hehren Götterwelt ablenkt und einen gewissen Unterhaltungswert bietet.
Lösungswort: **ARES**
(Einfacher Hinweis wäre: griechischer Kriegsgott)
Lösungsstrategie: Verknüpfungen von heutigen Namensgebungen und deren Ursprung in der Antike.

24 (4B) „Anders benamste Stiefmütterchen werden hier ausgebrütet."
Umschreibung: Wo werden bei uns anders benannte Stiefmütterchen „ausgebrütet"? Das Adverb „hier" weist auf einen Ort, d. h. man muss sich fragen, was denn alles ausgebrütet werden kann und vor allem wo (z. B. Vogeleier in einem Nest oder Gedanken im Kopf). Es muss ein Ort sein, wo Stiefmütterchen eine andere Benennung haben. In diesem „hier" ist aber auch eine Verortung für das „Ausbrüten" versteckt. Anders „benamst" ist eine schweizerdeutsche Ausdrucksweise für ‚benannt' und liefert damit einen Hinweis auf die Regionalität. Es stellt sich also die Frage, welche anderen Namen für Stiefmütterchen bekannt sind und was diese mit einem Brutplatz (Nest, Kopf etc.) zu tun haben könnten. So heissen Stiefmütterchen, im Thurgauer Dialekt „Tenketli", von Denken oder Gedanken, die im Kopf „ausgebrütet" werden. Auch gehören Stiefmütterchen zu den Orchideengewächsen, sodass eine Anspielung auf eine IDEE als Möglichkeit in Betracht gezogen werden kann. Der entscheidende Hinweis steckt aber im Adverb „hier", das nämlich nicht nur als deutsches Adverbial des Ortes gelesen werden kann, sondern auch als französisches Adverbial der Zeit (frz. gestern). Nimmt man diese Doppeldeutigkeit als Hinweis auf das Idiom, aus dem das gesuchte Lösungswort stammt und übersetzt Stiefmütterchen auf Französisch, ergibt sich „Pensées", was auch (kleine) Gedanken bedeutet. Diese werden im Kopf (also „hier"), auf Französisch ‚dans la TÊTE', „ausgebrütet".
Lösungswort: **TÊTE** (Einfacher Hinweis wäre: Kopf, franz.)
Lösungsstrategie: Weitschweifende Suche zulassen können.

26 (4B) **„Was gestern im Westen, paart sich mit heute zur Gegenwart."**
Umschreibung: Verschiedene Relativsätze sind denkbar, z. B.: Was „gestern im Westen" war oder geschah oder „wie gestern im Westen" genannt wird. Gesucht ist auf jeden Fall ein Begriff, der mit „heute" kombiniert („gepaart") etwas Gegenwärtiges bedeutet.
Der Binnenreim ‚este' in der Paarung gestern und Westen ist als unterhaltendes Element rhetorisch geschickt platziert. „Im Westen" könnte sich auf den im Westen liegenden, französischsprechenden Teil der Schweiz beziehen. Eine „Paarung" zweier Begriffe zur Orts- und Zeitgleichheit geschieht durch die Konjunktion „und". Ein Metonym für „Gegenwart" ist gesucht. Eine witzige semantische Parallele des Wortes „hier", das in beiden Sprachen seine je eigene Bedeutung hat (s. Hinweiskommentar 24w), steckt als alliterative Kombination in der Wortwendung „hier und heute".
Lösungswort: **HIER**
(Einfacher Hinweis wäre: gestern, frz.)
Lösungsstrategie: Öffnung für witzig-verwirrende Interpretationsmöglichkeiten.
‚Hier' ist ein Adverb, das deutsch und französisch gleich geschrieben wird. Es hat im Deutschen (als Ortsbezeichnung) und im Französischen (als Zeitbezeichnung von ‚gestern') eine je andere Bedeutung. Daher lädt es, wie im vorhergehenden Hinweis zu Wortspielereien ein.

27 (7B) **„Entrüstet sich des nächtens, die Sir Walter-Gestalt."**
Umschreibung: Welche Figur eines Schriftstellers mit dem Vornamen „Sir Walter" entrüstet sich des Nachts?
Der Satz beginnt mit einer Tätigkeit einer bestimmten Gestalt eines geadelten, also englischen Autors „Sir Walter...", das sich des Nachts entrüstet hin. Eine Romanfigur von Sir Walter Scott könnte gemeint sein. Ritter Ivanhoe, der nächtlich die Rüstung ablegte, um in anderer Gestalt für Gerechtigkeit zu kämpfen, könnte es sein. Der frei erfundene Doppelsinn von „entrüsten" als ‚sich ärgern' und der Sinnschöpfung als ‚sich der Rüstung entledigen' wirkt herausfordernd in ihrer Ungewöhnlichkeit und damit witzig und unterhaltend.
Lösungswort: **IVANHOE**
(Einfacher Hinweis wäre: Romanheld von Sir Walter Scott)
Lösungsstrategie: Von Vor- auf Nachnamen schliessen. Erkennen von Doppeldeutigkeiten.

29 (7B) **„Wird seines Markenzeichens mit Bleifüsschen getreten."**
Umschreibung: Welches ist das Markenzeichen für etwas, das mit Bleifüsschen getreten wird?
Das Possessivpronomen „seines" ist zugehörig zur Genitivform

„eines bestimmten Markenzeichens". („Seines Markenzeichens" ist witzige eine Übertragung der Wortwendung ‚seines Zeichens'.) Was sind das für kleine Füsse? Kinderfüsschen? Katzenfüsschen? Unser Hintergrund-Wissen besagt, dass ein „Bleifuss" das Gaspedal eines Autos ohne Unterlass tritt. Bleifüsschen können Kinderfüsse meinen, die aufs (Gas-)Pedal eines Spielautos drücken. Dessen Markenname („Markenzeichen") könnte KETTCAR sein. (Marke der Firma Heinz Kettler)
Lösungswort: **KETTCAR** (Einfacher Hinweis wäre: Tretauto)
Lösungsstrategie: Diminutive verweisen auf Kleines, hier auf Kinderwelten. Wortspiele erkennen und spezifizieren.

30 (6B) „An Filmschaffenden gemahnender schnittiger Kahn."
Umschreibung: Wie heisst ein Kahn, der schnittig ist und an Filmschaffende mahnt?
Der Hinweis ist eine adjektivische Umschreibung („an Filmschaffenden gemahnender, schnittiger") für einen bestimmten Kahn. An etwas „mahnend" meint ‚erinnernd', was einer Übertragung – nicht einer Übersetzung – gleichkommt. Ein Beruf in der Filmproduktion ist der ‚Cutter' (als dt. Fremdwort), der den Rohfilm zusammenschneidet – ein „schnittiger Kahn" ist ein ‚Kutter'. Den Begriffen ‚Cutter' und ‚Kutter' etymologisch gemeinsam ist das englische Verb ‚to cut' schneiden – bei uns einerseits im jüngeren Lehnwort des Cutters / der Cutterin, und anderseits im älteren Lehnwort Kutter, für ein Boot mit schnittiger Form (das die Wellen durchschneidet).
Lösungswort: **KUTTER**
(Einfacher Hinweis wäre: Fischerboot)
Lösungsstrategie: Mehrdeutigkeiten und Etymologien erkennen, die zugleich im englischen und im deutschen Wortschatz vorkommen.

31 (3B) „Latin Lovers Art, so zu sagen."
Zwei Möglichkeiten für die Umschreibung: Variante 1: Wie ist „so zu sagen" die Art eines „Latin Lovers"? Variante 2: Auf welche Art sagt ein Latin Lover „so"?
Die Doppelbedeutung von so zu sagen ist überlesbar, weil die beiden Wortwendungen gleichlautend sind und die Rechtschreibung beide Varianten zulässt. Die Irreführung liegt im Doppelsinn von „Art" als Art und Weise, etwas „so" zu sagen und von „Art" als ‚Kunst' der Verführung eines „Latin Lovers", da der Ausdruck „so zu sagen" nach dieser besonderen Art eines Machos zu fragen scheint. Der Ausdruck „so zu sagen" kann aber deiktisch (mit betontem ‚so') gemeint sein und der Hinweis „Latin" Lover meint dann, einen das Latein Liebenden, wo so ‚sic' bedeutet! „Latin Lover" ist aber gleichzeitig der Auslöser einer Doppeldeutigkeit, um damit (wie ein Latin Lover üblicherweise die Frauen) zu verwirren!
Lösungswort: **SIC** (Einfacher Hinweis wäre: so, lat.)

Lösungsstrategie: Flexibilität des Denkens für Ambiguitäten.
Lateinische und latino-amerikanische Sprachkenntnisse.

32 (3B) **„Bezüglich Raum kaum das Mass aller Dingi."**
Umschreibung: Was ist, auf den Raum bezogen, kaum das Mass aller Dingi?
Hier werden Schnelllesende mit Überlesbarkeit verführt, denn es ist nicht vom „Mass aller Dinge" die Rede, sondern von „Dingi[s]", womit kleine Boote oder Beiboote bezeichnet werden. In diesem Begriff liegt also ein Hinweis auf ein Schiffsmass, wobei das Gegenteil eines kleinen Masses gesucht ist, z. B. eine Nettoregistertonne. Da aber nur die Abkürzung davon (NRT) als Lösungswort eingesetzt werden muss, kann man dieselben gegenteiligen Raumverhältnisse auch fürs Lösungswort verwenden.
Lösungswort: **NRT** (Einfacher Hinweis wäre: Raummass, Abk.)
Lösungsstrategie: Genauigkeit im Lesen und eine wache Aufmerksamkeit für einen übersehbaren Wortlaut in einer festen Fügung.

33 (7B) **„Moralische Nieten gewissermassen."**
Umschreibung: Wer oder was sind gewissermassen moralische Nieten?
Die Polysemie von „Nieten" kann Verschiedenes meinen, z. B. Lotterielos-Nieten, ins Metall getriebene Metallstifte oder menschliche Versager. Das Adverb „gewissermassen" meint tendenziell Angesprochenes, kann aber auch wortwörtlich auf das menschliche Gewissen hinweisen, was mit dem Ausdruck „moralische Nieten" verstärkt wird, der eher auf eine negative menschliche Eigenheit anspielt.
Lösungswort: **EHRLOSE**
(Einfacher Hinweis wäre: Nichtswürdige)
Lösungsstrategie: Wörtlich und buchstäblich vorhandenen Hinweisen nachgehen, Polysemien analysieren.

34 (5B) **„In Illustrierte integrierte Moselstadt."**
Umschreibung: Welche Stadt an der Mosel kommt in (einer) Illustrierte/n vor?
Der Ausdruck „integriert" enthält den Schlüsselhinweis auf den buchstäblichen Gehalt im Wort „Illustrierte". Eine Stadt an der Mosel als integraler Bestandteil einer Illustrierten meint nicht eine Erwähnung oder das Bild einer „Moselstadt", sondern deren Buchstaben im Wort „Illustrierte". Der Name der Stadt ist im Wort IllusTRIERte also buchstäblich „integriert". Im Reim des Lösungsworts TRIER mit „Illustrierte" und „integriert" steckt zudem ein unterhaltender Innenreim.
Lösungswort: **TRIER**
(Einfacher Hinweis wäre: Italienischer Städtename)
Lösungsstrategie: Buchstäbliche Hinweise beachten.

35 (6B) „Bittsteller von Grundrechts wegen."
Umschreibung: Wie wird ein Bittsteller von Grundrechts wegen genannt?
Ein Grundrecht steht z. B. als Menschenrecht in der Schweizerischen Bundesverfassung. Eine politisch grundrechtlich anerkannte Bitte ist eine Petition. Deren Ausführender ist ein Petent.
Lösungswort: **PETENT**
(Einfacher Hinweis wäre: polit. Bittsteller)
Lösungsstrategie: Übersetzung in fachwissenschaftlichen Ausdruck.

36 (5B) „US-Lokal – bei uns ein Festmahl."
Umschreibung: Wie nennt man ein US-Lokal und bei uns ein Festmahl?
Eine amerikanische Restaurantbezeichnung ist gefragt, die „bei uns" zugleich ein Festmahl bezeichnet. Ein „Diner" ist in den USA ein Restaurant. Ein Festmahl ist „bei uns" (mit der Bedeutung ‚bei uns in der Schweiz') ein Diner (französisches Lehnwort für ein Abendessen).
Lösungswort: **DINER**
(Einfacher Hinweis wäre: Abendessen, frz.)
Lösungsstrategie: Parallelbezeichnungen in verschiedenen Sprachen erkennen.

37 (3B) „Dem Tagesanzeiger zu entnehmen: Fernreiseunternehmen."
Umschreibung: Wie heisst ein Fernreiseunternehmen, das dem Tagesanzeiger zu entnehmen ist? Oder: Über welches Fernreiseunternehmen wird im Tagesanzeiger geschrieben? Oder als die, auf das Buchstäbliche des Wortes reduzierte Frage: Welches Fernreiseunternehmen ist im Wort Tagesanzeiger enthalten?
Der rezepthaft formulierte Infinitivsatz enthält den Doppelsinn des Verbs „entnehmen", das mit einem Dativobjekt ergänzt wird und der Irreführung auf den Inhalt der Zeitung dient. Gemeint ist aber das Wort „Tagesanzeiger", dem die Buchstabenfolge ESA „zu entnehmen" ist, d. h., die Lösung liegt hier im Wort TagESAnzeiger versteckt, was für European Space Agency steht. Die europäische Weltraumorganisation ist also das gesuchte Transportunternehmen.
Lösungswort: **ESA**
(Einfacher Hinweis wäre: European Space Agency, Abk.)
Lösungsstrategie: Doppelsinne erkennen. Übertragung vom Inhalt zum buchstäblichen Gehalt des Wortes. Abkürzungen eruieren mithilfe von Lexika oder Internet-Suchmaschinen.

38 (4B) „Strick – Westminstergänger im Rückspiegel."
Umschreibung: Ein Strick oder, im Rückspiegel gelesen, ein Westminstergänger. „Im Rückspiegel" ist eine Metapher für

spiegelverkehrtes Lesen: Ein Reep (ndt. für Strick) soll auch rückwärts gelesen werden können, also von rechts nach links, als ein „Westminstergänger". „Westminster" kann ein örtlicher Hinweis auf einen englischen Ausdruck sein. Ein dt./engl. Palindrom ist gesucht, das gemäss Lösungsgitter vier Buchstaben haben muss.
Lösungswort: **REEP** (rückwärts PEER)
(Einfacher Hinweis wäre: Strick, engl.)
Lösungsstrategie: „Im Rückspiegel" als Lösungscode für ein Palindrom erkennen. Englische Lokalbezeichnungen weisen auf englische Lösungswörter hin. Ausprobieren von Palindromen.
Bedeutungen: Reep: Seil, Schiffstau; Peer: Angehöriger des hohen Adels in Grossbritannien oder Mitglied des brit. Oberhauses.

39 (6B) „Was Wache Stehende gehend drehen."
Umschreibung: Was drehen Wache Stehende im Gehen?
Gesucht ist die Bezeichnung für die Drehung, die Wache Stehende im Gehen ausführen. Die zwei sich widersprechenden Präsenspartizipien „stehend" und „gehend" weisen in ihrer Gleichzeitigkeit auf eine Drehung an Ort hin. Die Formulierung weist drei Binnenreime auf „ehen" auf. Sie wirken witzig unterhaltend und dadurch vom Lösen ablenkend.
Lösungswort: **RONDEN**
(Einfacher Hinweis wäre: Drehungen an Ort von Wache)
Ronden sind militärische Rundgänge von Streifwachen.
Lösungsstrategie: Aus unterhaltenden Reimen einen Fachbegriff herausdestillieren.

40 (10B) „Eurovisions-Hit: Bitte eines verspäteten CFF Passagiers."
Umschreibung: Gesucht ist ein Grandprix-Eurovisions-Hit, mit der Bitte eines verspäteten CFF Passagiers.
Das Satzfragment des Hinweises behilft sich mit dem Doppelpunkt anstelle des Prädikats. Der „Eurovisionshit" weist auf einen Gewinn des Concours Eurovision de la Chanson hin. „CFF" als französische Bezeichnung für die Schweizerische Bundesbahn (SBB) weist auf ein französisches Lösungswort hin. Celine Dion hat den Grandprix mit dem Liedtitel „Ne partez pas sans moi" für die Schweiz gewonnen, ihr Name ist das Lösungswort. Dabei fällt auf, dass der Hinweis nicht richtig formuliert ist, denn er weist nicht auf den Namen der Sängerin, sondern nur auf den Song hin – und Vor- und Nachname sollen zusammengehängt geschrieben werden.
Lösungswort: **CELINEDION** (Celine Dion)
(Einfacher Hinweis wäre: Erfolgreiche Concours Eurovisionsvertreterin der Schweiz)
Lösungsstrategie: Andeutungen interpretieren.

SENKRECHTE LÖSUNGSHINWEISE UND DEREN LÖSUNGSWÖRTER

1 (12B) „Führt verständlicherweise zu Mitwisserfrust."
Umschreibung: Dabei wird man verständlicherweise als Mitwisser frustriert.
Das fehlende Subjekt wird durch die Frage „Wer oder was?" ersetzt. Die Mitwisserschaft könnte durch das schwierige ‚Verstehen' („verständlicherweise") beeinträchtigt sein. Für das Mithören kann dies auf Fremdsprachigkeit oder auf Undeutlichkeit des Gehörten oder auf die Schwerhörigkeit von Zuhörenden hinweisen. Mitwisserschaft kann dadurch zum „Mitwisserfrust" werden.
Lösungswort: **FLUESTERTON**
(Einfacher Hinweis wäre: Gedämpfter Sprechton)
Lösungsstrategie: Hinweis im Kompositum beachten.

2 (9B) „Zeigen nach dem Würfelfall die gleiche Augenzahl."
Umschreibung: Wie wird ein Wurf genannt, wenn zwei (oder mehr?) Würfel die gleiche Augenzahl zeigen?
Das Subjekt „sie" (Plural) oder „ihre Seiten" fehlt. Als Antworten wären Zwillinge oder Dubletten, Triples, Vierlinge oder sogar Fünflinge etc. möglich, denn die Anzahl der fallenden (Spiel-)Würfel ist nicht weiter bestimmt oder angedeutet. Das gehört wohl zum Spielerischen dieses Hinweises, was ebenso im schmückenden Gleichklang (Fall – Zahl) zum Zuge kommt.
Lösungswort: **DUBLETTEN**
(Einfacher Hinweis wäre: Würfelpaare)
Lösungsstrategie: Vermutungen spielerisch ausprobieren, da ein Hinweis in seiner Umschreibung nie ganz präzis sein kann.

3 (11B) „Als Kriterium ein Fall fürs Ausgabenbremspedal."
Umschreibung: Welches Kriterium erfordert eine Bremsung der Ausgaben? Gesucht wird als Fachausdruck, der ein Nomen oder ein Adjektiv sein kann. In „Ein Fall für" ist ‚ein Fall für die Polizei' angesprochen, was auf eine ernsthafte Situation anspielen kann. Der zweite Hinweis wirft die Frage auf, was zum Sparen zwingt. Eine Ausgabenbremsung zwingt zum Sparen und verbietet alle überflüssigen unnützen Ausgaben, alles, was entbehrlich ist. (Der Endreim Fall – Pedal ist irreleitend, weil „Fall" im Hinweis auch entbehrlich wäre!)
Lösungswort: **ENTBEHRLICH**
(Einfacher Hinweis wäre: unnötig)
Lösungsstrategie: Übersetzung der Hinweis-Satzellipse mit Synonymen in Paraphrasierungen.

4 (4B) „Filmbeau aus dem Ahnenzeughaus."
Umschreibung: Wer ist der schöne Filmschauspieler, der im Zeughaus der Ahnen (z. B. im Landesmuseum) steht?
„Beau" als Hinweis auf einen schönen französischen Film-

schauspieler ist eine Fehlinformation. Der Name eines Filmschönlings könnte aber auch Homonym zu alten Zeughausgegenständen sein: Bingo! Der Nachname des amerikanischen Filmstars Richard GERE ist auch die deutsche Bezeichnung für germanische Wurfspiesse.
Lösungswort: **GERE**
(Einfacher Hinweis wäre: Altgermansiche Wurspiesse oder amerikanischer Filmschauspieler)
Lösungsstrategie: Homonyme erkennen.

5 (8B) „Das County für Steinkreis-Bildungsreisende."
Umschreibung: Wie heisst der Distrikt, wo Steinkreise stehen, die Bildungsreisende interessieren?
Im Hinweis fehlt das einleitende Prädikat. Der Hinweis „Bildungsreisende" ist eigentlich überflüssig. Er dient höchstens der Illustration und dem Binnenreim. Der geografische Begriff eines „Countys" in GB wird gesucht. Bei Unkenntnis der Grafschaften in GB kann eine Suchmaschine im Internet helfen (z. B. mit der Eingabe: „County of Stonehenge")
Lösungswort: **WILTHSHIRE**
(Einfacher Hinweis wäre: engl. County)
Lösungsstrategie: Wo eigenes Wissen versagt, Lexika oder Internet-Suchmaschinen konsultieren.

6 (9B) „Der Küster als Wecker."
Umschreibung: Was ist oder was tut ein Küster als Wecker? Ein Berufsmann wird als Weckender in vereinfachtem Begriff als „Wecker" (Weckuhr) dargestellt. Ein Küster ist ein Kirchendiener und läutet die Kirchenglocken, d. h., er weckt damit eventuell die Leute in der Umgebung der Kirche. Ein Küster wird auch Glöckner genannt.
Lösungswort: **GLOECKNER**
(Einfacher Hinweis wäre: Kirchendiener)
Lösungsstrategie: Kombinierungen und logische Folgerungen aus Wissen und Intertextualitätsbezügen. Begriffswissen abrufen, kombinieren und folgern.

7 (4B) „Von BR Moritz ins Netz gesetzt."
Umschreibung: Was ist/wurde/wird von Bundesrat („BR") Moritz ins Netz gesetzt?
„Moritz" ist der Vorname von [Alt]-Bundesrat Moritz Leuenberger. Er war bekannt als SP-Bundesrat mit viel Sprachwitz. Die Polysemie von „ins Netz setzen" – ein Ausdruck aus dem Tennissport ‚einen Ball ins Netz setzen', d. h., den Punkt abgeben – kann aber auch die Bedeutung von ‚etwas ins Internet setzen' haben. Leuenberger hatte seinen eigenen BLOG (Abkürzung von Logbook) im Internet.
Lösungswort: **BLOG**
(Einfacher Hinweis wäre: Onlinetagebuch,)

Lösungsstrategie: Synonyme und Wortwendungen zuordnen und Abkürzungen erkennen.

8 (9B) „Ein Vorbild in Sachen Goodlook."
Umschreibung: Wer oder was ist ein Vorbild in Sachen gutes Aussehen? In „Goodlook" könnte der Hinweis auf einen englischen Ausdruck für ein Vorbild oder gutes Aussehen stecken. Assoziationen wie Held/in, Ikone (engl. Icon) in Sachen Schönheit, Mode und Stil werden wachgerufen. Das Fremdwort Ikone kann ergänzt werden zu einem Kompositum mit Stil.
Lösungswort: **STILIKONE**
(Einfacher Hinweis wäre: Modevorbild)
Lösungsstrategie: Übersetzung engl./dt. und vice versa von „Vorbild" als Held/in, Ikone und „Goodlook" für Aussehen oder Stil und deren Kombinationen zu Komposita.

9 (10B) „Kleidet in Worte, was sie sichtet vor Ort."
Umschreibung: Sie kleidet in Worte, was sie vor Ort sichtet. Was für eine weibliche Person schreibt über Dinge, die sie sieht? Die Definition referiert auf eine weibliche Schreiberin, die über wirklich Gesehenes schreibt. „In Worte kleiden" als Metapher für einen Sprech- oder Schreibvorgang führt zur Berufsbezeichnung Journalistin oder Reporterin.
Lösungswort: **REPORTERIN**
(Einfacher Hinweis wäre: Journalistin)
Lösungsstrategie: Genus-Hinweise beachten, Metaphern übertragen.

10 (4B) „Ein Paradebeispiel, zur Schau gestellt."
Umschreibung: Was ist ein Paradebeispiel, das zur Schau gestellt wird?
Ein Paradebeispiel meint ein Beispiel mit dem etwas besonders eindrucksvoll belegt oder demonstriert werden kann. Etwas „zur Schau Gestelltes" lässt auf eine Militär-‚Parade' schliessen, bei welcher die Armee oder das Heer zur Schau gestellt wird, eine so genannte Heerschau.
Lösungswort: **HEER**
(Einfacher Hinweis wäre: Armee)
Lösungsstrategie: Synonymen wörtlich auf den Grund gehen. Nach anderen Bedeutungsfeldern, suchen.

11 (9B) „Getränkeherstellung – macht, rein theoretisch, Golfutensil steril."
Umschreibung: Welche Getränkeherstellung würde, rein theoretisch, ein Golfutensil steril machen? Da muss ein witziger Zusammenhang bestehen zwischen einem Golfutensil und einer Getränkeherstellung.
Im Golf gibt es zum Putten das sog. ‚T-Eisen' – die Assoziation zum Tee als Getränk wird durch die phonologische Überein-

stimmung von Buchstabe und dessen Benennung hergestellt. Tee wird gebraut oder gekocht. Teekochen ist einerseits eine Herstellung des Getränks Tee, könnte aber – unnützerweise – auch das Abkochen eines Golf T-Eisens, zum „rein theoretischen" Zweck seiner Sterilisierung bedeuten.
[Ein intratextueller Zusammenhang besteht zwischen dem Abkochen des T-Eisens und dem „heissen Eisen in der Schweiz" im nächsten Hinweis (13s)]
Lösungswort: **TEEKOCHEN**
(Einfacher Hinweis wäre: Heissgetränk-Herstellung)
Lösungsstrategie: Der Gleichklang eines Buchstabens (T) und von einem Wort (Tee) ergibt einen Doppelsinn. Synonyme finden (steril machen und abkochen).

13 (8B) „**Geschieht in der Schweiz mit heissen Eisen.**"
Umschreibung: Wie nennt man schweizerdeutsch eine Tätigkeit mit heissen Eisen? Oder: Was geschieht in der Schweiz mit heissen Eisen?
Eine Redensart besagt, man solle heisse Eisen nicht anfassen. Zudem kann man sich aber auch fragen, was mit einem „heissen Eisen" erhitzt, gebügelt, „geglättet" wird (als CH-umgangssprachlicher Ausdruck)? „Heisse Eisen" hat also zwei unterschiedliche Bedeutungen: Zum einen kann es schwierige Themen meinen, die nicht ‚angefasst' (mundartlich ‚angelangt') werden sollen, als anderen auch die Handlung, die mit einem ‚heissen Eisen' ausgeführt wird, z. B. Wäsche mit dem Bügeleisen ‚glätten' (schweizerischer Standardausdruck), bügeln (dt. Standard).
Lösungswort: **GLAETTEN**
(Einfacher Hinweis wäre: Bügeln in der Schweiz)
Lösungsstrategie: Doppelsinne verstehen.

14 (7B) „**Der Pierre neben Héloise auf Père Lachaise.**"
Umschreibung: Welcher Pierre ist (in Paris auf dem Friedhof) Père Lachaise neben einer Héloise begraben? Welche Héloise? La nouvelle Héloise von J.J. Rousseau? „Père Lachaise" ist ein Friedhof in Paris, wo viele bekannte Persönlichkeiten begraben liegen. Das Wortspiel mit Père und Pierre weist auf einen Pierre, der neben einer „Héloise" auf „Père Lachaise" begraben liegt – auf Pierre Abèlard!
Lösungswort: **ABELARD**
(Einfacher Hinweis wäre: Liebhaber von Héloise)
Lösungsstrategie: Namenverbindungen von Berühmtheiten durchschauen.

15 (7B) „**Gemahnt an spannende Madame, die Louis-seize-Chaise.**"
Umschreibung: Was oder welcher andere Stuhl im Stil „Louis XVI" erinnert an eine „spannende Madame"?
Das Partizip „Spannend" ist doppeldeutig, es kann inhaltlich

spannend meinen aber auch als Ableitung von ‚Spanner' verstanden werden. Falls die „spannende Madame" eine Spannerin meint, deutet „Madame" auf einen Ausdruck aus dem Französischen hin, auf ‚Voyeuse' (die frz. Bezeichnung für einen Louis XVI Sessel). Es ist anzumerken, dass „Spanner" m. E. nur für das männliche Geschlecht Geltung hat, das Lösungswort also eine Kunstschöpfung ist. Binnenreime finden sich in A-Lauten (in mahnt, spannend, Madame) und in Ä-Lauten (in seize und chaise) als unterhaltende Momente.
Lösungswort: **VOYEUSE**
(Einfacher Hinweis wäre: Name für Louis XVI Sessel)
Lösungsstrategie: Gender-Übertragungen und Übersetzungen (dt/frz).

16 (8B) „Auf ihr bewegt sich der Bergfex nach links oder rechts."
Umschreibung: Worauf bewegt sich ein Berggeist oder ein als ‚Bergfex' bezeichneter Wanderer in den Bergen nach rechts und nach links?
Das Personalpronomen „ihr" (‚sie' im Dativ) ist ein Hinweis auf das feminine Genus des gesuchten Lösungsworts. Die Andeutung einer Bewegung „links oder rechts" weist auf ein ‚Hin und Her' hin, auf einen horizontalen Weg, auf dem sich der „Bergfex", ein Berggeist „bewegt" – z. B. über eine Krete, über einen Grat oder eine Traverse. Letztere passt als Lösung.
Lösungswort: **TRAVERSE**
(Einfacher Hinweis wäre: Querung)
Lösungsstrategie: Grammatische Hinweise beachten.

17 (4B) „Die Schweizer Sippe lässt sich zu drei Vierteln an zwei Hands abzählen."
Umschreibung: Welche Schweizer Sippe lässt sich zu drei Vierteln an zwei ‚hands' (Händen, engl.) abzählen?
Der Ausdruck „Schweizer Sippe" zielt auf einen typisch schweizerischen Familiennamen. Dieser soll die Buchstabenverbindung „TEN" enthalten, denn an „zwei Hands" (enthält bereits den Hinweis aufs Englische) sind zehn (engl. ‚ten') Finger „abzählbar". Der bekannte Innerschweizer Familienname „Iten" entspricht dem Hinweis.
Lösungswort: **ITEN**
(Einfacher Hinweis wäre: Innerschweizerisches Familienname)
Lösungsstrategie: Buchstäblich identische Wortkombinationen dt./engl. erkennen.

22 (6B) „Sozusagen unter der Gürtellinie für die, die ob der selbigen liegen."
Umschreibung: Wie werden Objekte genannt, die, vulgär ausgedrückt, über der Taille liegen? „Sozusagen" „unter der Gürtellinie" ist eine Metapher für sexistische Umgangssprache.

Solche „Objekte", die faktisch aber „ob der Gürtellinie" liegen, sind ‚Titten'. Dieser Vulgärausdruck für weibliche Brüste ist gesucht.
Lösungswort: **TITTEN**
(Einfacher Hinweis wäre: Brüste, vulgär)
Lösungsstrategie: Redewendungen verstehen.

25 (5B) „Kerle und Perlen aufwertender Vorsatz."
Umschreibung: Was für ein „Vorsatz" wertet sowohl Kerle und Perlen auf?
Der Doppelsinn von einem „aufwertenden Vorsatz" zum einen im Sinne einer ‚Absicht', die für Kerle und Perlen gemeint ist oder zum anderen im Sinne einer Eigenschaft, die „Kerlen und Perlen" vorangesetzt werden kann, ist verwirrend. Gesucht ist ein Adjektiv, das zu beiden Akkusativobjekten passt.
Lösungswort: **ECHTE**
(Einfacher Hinweis wäre: nicht falsche)
Lösungsstrategie: Gemeinsame Attribute von nicht verwandten Begriffen suchen (hier von Perlen und Kerlen) und erraten.

28 (4B) „Was die Soubrette an der Met schmettert."
Umschreibung: Was schmettert eine Soubrette an der Metropolitan Opera in NY?
Text und Noten des Gesangs einer speziellen Sängerin an der „Met" (als Abkürzung für Metropolitan Opera in New York) sind gesucht. „Schmettert" in Verbindung mit einer Oper wird als umgangssprachlicher Ausdruck für den Gesang einer Sängerin, die eher Dienstmädchenrollen bekleidet, verwendet. Das gesuchte englische (und italienische) Wort ARIA ist etwas populär-sprachlich umschrieben. (Auch dies ist eine Art und Weise, die Lösung zu verfremden.) Ein Hinweis wie ‚Sologesang' hätte leicht(er) zur Lösung geführt. Einer „Soubrette" wird eher eine leichtere Gesangsrolle (z. B. jene einer Kammerzofe) gegeben als der Primadonna. Eine Arie oder Aria ist aber einfach ein Sologesangsstück. Unterhaltsam wirken die Gleichklänge von „Soubrette", „Met" und „schmettert". Zwischen diesen drei Begriffen muss die Suche nach der Lösung ansetzen.
Lösungswort: **ARIA**
(Einfacher Hinweis wäre: Sologesang)
Lösungsstrategie: Umgangssprache interpretieren und Abkürzungen verstehen.

31 (5B) „Erfolge in Folge."
Umschreibung: Wie bezeichnet man „Erfolge in Folge"?
Der Hinweis ist eine mit Wortwiederholung spielende Definition in elliptischer Satzform, ein als Wortspiel gestalteter Hinweis, der ablenkt von der Suche nach Wortwörtlichem.
Das Lösungswort soll eine Bezeichnung für „Erfolge" in Serie sein, wie z. B. eine TV-Serie, von der nur weitere Folgen produziert werden, wenn sie erfolgreich ist.

Lösungswort: **SERIE**
(Einfacher Hinweis wäre: TV-Folge)
Lösungsstrategie: Wortspiele enttarnen. Synonyme suchen. Serie als eine Anzahl in gleicher Ausführung gefertigter Erzeugnisse gleichen Art / Aufeinanderfolge gleicher, ähnlicher Geschehnisse, Erscheinungen / mehrteilige Fernseh- oder Radiosendungen)

DER LÖSUNGSHINWEIS FÜR DIE GITTERZEILE

(10B) „**Selbst noch so Verschwiegene werdens demnächst lieben.**"
Umschreibung: Was werden selbst noch so Verschwiegene demnächst lieben?
Das elidierte ‚e' in „werdens" (werden es) weist auf ein Objekt, also auf ein Nomen im Neutrum oder auf eine Tätigkeit durch die Substantivierung eines Verbs. Ausnahmsweise werden dies auch „noch so Verschwiegene" „demnächst" mögen.
Es ist etwas, das von „Verschwiegenen" im jetzigen Moment (noch) nicht „geliebt" wird. Eine zeitlich bevorstehende Aktualität ist angesprochen, wird anaphorisch vorausgesetzt. „Verschwiegene" bezieht sich auf Menschen, die entweder ein Geheimnis bewahren oder die Wahrheit verschwiegen. So oder so reden Verschwiegene nicht gern, sie „packen" (ugs.) „nicht aus". Das Temporale „demnächst" ist eine aktuelle Zeitbezeichnung für die Feiertage Weihnachten und Neujahr und an Weihnachten werden Geschenke ausgepackt.
Lösung: **AUSPACKEN**
(Einfacher Hinweis wäre: verraten, entnehmen)
Lösungsstrategie: Synonymen und Antonymen nachgehen.
Die Handlungen ‚Verpacken' und ‚Auspacken' sind im Übrigen auch eine Metapher für den mechanisch-äusserliche Vollzug des Rätselstellens und des Rätselratens an und für sich: Wie wird etwas so geschickt verpackt, dass es äusserlich nicht mehr erkennbar ist, etwas Äusserliches aber doch beispielsweise auf seine Form, sein Gewicht, seine Materialität hinweist, das den Ratenden helfen kann.
So können die Ratenden beim „Auspacken" oder im übertragenen Sinn beim Decodieren mit der Lösung des Rätsels zu Beschenkten werden! Dies ist zugleich eine Art Schlüssel für die Kunst des Lösens von Rätseln überhaupt!

VIELFACHE WISSENSWELTEN

Kreuzworträtseltexte sprechen in der Regel verschiedenste Wissenswelten an. Um deren Vielfalt zu belegen, sind hier die im Paradebeispiel angesprochenen in alphabetischer Reihenfolge aufgeführt:

Aktuelles: lokales Politwesen, Politrecht, englische Politik
Architektur: religiöse Bauten
Geografie: Grossbritannien, Lokalitäten
Literatur: Weltliteratur
Markennamen: Konsumwelt, Budgetplanung
Medien: Literatur und Film, Printwelt, Filmstars, TV, Filmhandwerk Journalismus, Radio, Fernsehens (Serien), Internet
Musik: (engl./dt.), Opernwelt, Schlagerwelt, Fachwissen
Mythologie: griechische und römische,
Nahrungsmittel: Zubereitung von Nahrungsmitteln
Natur: Erscheinungen, Botanik, Wahrnehmung
Psychologie: menschliche Erfahrung, menschlichen Unarten
Sport: Golfsport, Bergsteigerwelt und Sagenwelt
Sprache: Proverben, bilinguales Sprachwissen dt./engl., dt./lat., dt./frz., umgangssprachlicher Wortschatz (Anatomie), Homonyme.
Wirtschaft: Wirtschaftszweige, Lobbies und deren Interessen
Verkehr: Schifffahrtswesen, landessprachlichen Bahnbezeichnungen (Abkürzungen), Autofahrfertigkeit, Raumfahrt,
Volkskunde
Veschiedenes Sachwissen: Schifffahrt, Fachsprache von Würfelspielen, Gewichte, antike Waffen, Kirchenorganisationen, Stilmöbel, Modewelt, (Kleidungs-)Stil, schweizerische Genealogie, Weihnachtsbräuche, militärische Fachsprache

Der Kultstatus von TMB-Kreuzworträtseln

Der Kultstatus der TMB-Kreuzworträtsel verdient nähere Beachtung: Ihr Sprachstil mit den meist elliptisch verdichteten Satzformen der Lösungshinweise und deren viele rhetorischen Figuren dienen nicht nur der Verrätselung, sondern manchmal auch der Ästhetik der Sprache. Er zeichnet sich, wie diese Analysen zeigen, durch einerseits sehr sorgfältige Verschlüsselungen mit vielen rhetorischen Stilmitteln aus und enthält andererseits ein grosses Allgemeinwissen und vermittelt wohl auch TMBs besonderen Denkstil, dem sich anzupassen die Lösenden mit fortschreitender Vertrautheit nicht umhin kommen.

Weil die gezielt verrätselt formulierten Hinweise solche ausgeklügelten rhetorischen Stilmittel aufweisen, gleichen sie sprachlich in ihrer auf kleinstem Raum komprimierten Aussagekraft und Interpretationsfülle den Formulierungen in Gedichten. Sie verdienen den Kultstatus wegen ihrer Textoriginalität und des mit Wortwitz gestalteten Unterhaltungswerts.

STILMITTEL

Im Folgenden werden zahlreiche Beispiele rhetorischer Figuren aufgeführt, die in TMBs Lösungshinweisen zu finden sind. Sie dienen in erster Linie der Verrätselung, erfüllen aber ebenso die Funktion der Unterhaltung. Zum Paradebeispiel 51/52 2009 sind alle Auflösungen in den ausführlichen Lösungswegen bereits näher erläutert worden und werden hier nicht wiederholt.

In dieser grossen Fülle von Stilmitteln, die z.T. auch miteinander kombiniert werden, zeigt sich die sprachliche Nähe von solchen kurzen Rätseltexten zur Poesie und damit eine Art von Verwandtschaft zur Sprache von Gedichten.

REIME (STAB-, BINNEN- UND ENDREIME)

Reime wirken als Sprachspielerei ablenkend und damit indirekt verrätselnd. In diversen Varianten werden in TMBs Kreuzworträtseln die Lösungshinweise mit Stab-, Binnen- oder Endreimen ‚verkleidet'.
Wie die folgenden Beispiele (aus 51/52 2009) zeigen, kann ein Hinweis durch Reim verrätselt sein wie (31s) „Erfolge in Folge" oder nur mit Alliterationen spielen ohne zu verrätseln, wie (20w) „Naheliegende Nachtruhestörung". Er kann Endreime enthalten, wie (6w) „Hat bei vertikalen Tendenzen neuerdings Grenzen" oder mit mehrfachen Reimen versehen sein, wie (7s) „Von BR Moritz ins Netz gesetzt". Es kommt sogar vor, dass die Lösung in den Reim einbezogen ist: Endreime zwischen Hinweis und Lösungswort finden sich z. B. „ausgebrütet" (24w) mit TÊTE oder „chaise" (15s) mit VOIEUSE, aber auch zusätzliche Binnenreime lassen sich belegen, z. B: „Der Küster als Wecker" (6s) mit GLOECKNER.

Geradezu poetisch mutet der Hinweis (39s) „Was Wache Stehende gehend drehen" an, der zugleich Stabreime („wa'), Endreime („end') und Assonanzen („ehen') enthält. Zu guter Letzt klingt im Lösungswort RONDEN eine weitere Assonanz („nd') zu den (schiefen) Endreimen an.
Es können unzählige Beispiele für Binnenreime und Assonanzen aufgefunden werden:

5/2011(24w): „Danach äugt Beckmesser beim Bouillabaisseessen."   – HAAR
Der Klänge „ä" und „ess"/ (frz. ‚aiss') werden repetiert. (Beckmesser heisst der Pedant in Wagners Meistersinger.)

ELLIPSEN UND SATZFRAGMENTE

Für die Lösungshinweise in kryptischen Kreuzworträtseln ist die elliptische Satzform oder auch Bruchstücke eines Satzes typisch. Durch Auslassungen und Lücken ist die Verrätselung auf kleinstem Raum möglich.

INVERSION (UMSTELLUNG DER SATZTEILE)

Umstellungen von Subjekt und Prädikativen provozieren in Rätseln wie auch in Gedichten andere Gewichtungen, sie lenken vom Wesentlichen ab.

12/2011 (14s): „Wild machte den Kinski die Mundart." (7B)
 – ERDBEER
(Diese Mundart oder Art des Mundes machte Kinski wild.)
Die Umstellung bewirkt eine Ablenkung vom Hinweis auf eine besondere „Mundart", um die Lesenden zu der einen Bedeutung von „Mundart" als ‚Dialekt' in die Irre zu führen. Zentral in diesem Hinweis ist aber die Mehrdeutigkeit von „Mundart". Sie kann als „Art" des „Mundes" oder als Kunst, die mit dem Mund ausgeführt wird, aufgefasst werden. Im Eigennamen Kinski – steckt dann der Hinweis auf Klaus Kinski, den Schauspieler, der u. a. bekannt war für seine Interpretationen von Vian-Gedichten. Eines davon beginnt mit der Zeile: „Ich bin so wild nach Deinem Erdbeermund..."

ANDEUTUNG, ANSPIELUNG, VERFREMDUNG

51/52 2009 (32w): „Bezüglich **Raum** kaum **das Mass** aller **Dingi.**" (3B)   – NRT

Nettoregistertonne, abgeändert oder verfremdet mit dem Ding**i** anstatt der Ding**e**, als Hinweis auf Boote, deren Fassungsvermögen mit NRT gemessen wird.

3/2011(1w): „Auf den Titelseiten **heuer** Spitzenreiter." (17B)
– ZWEITAUSENDUNDELF
„Titelseiten", „heuer" und „Spitzenreiter" spielen auf etwas häufig Auftretendes der Printwelt im laufenden Jahr an. Die Suche nach Schlagzeilen kann durch „Titelseiten" ausgelöst werden. Dabei ist die aktuelle Jahreszahl („heuer") gesucht, die an der „Spitze" der „Titelseiten" gedruckt ist. Es ist, als eine weitere Verfremdung, deren Ausschreibung in Buchstaben gefordert.

ARCHAISMUS (VERALTETER AUSDRUCK)

6/2011 (11w): „Bei der ist Gott der **Brötchengeber**."
– FREIWILLIGENARBEIT
Hier wird mit „Brötchengeber" eine veraltete Form der Umgangssprache verwendet und „Gott " als Lohngeber für die Taten auf Erden verwendet.

BRACHYOLOGIE (KOMPRIMIERTER AUSDRUCK)

Eigentlich sind die meisten Ellipsen brachyologische Ausdrücke. Hier eine komprimierte Ellipse, die weder Artikel noch Verbprädikat aufweist und nur aus zeitlich aufeinanderfolgenden politisch/historischen Begriffen besteht.

12/2011 (35w): „Nation post Pfauenthron." – IRAN
Die Drei-Wort-Ellipse weist abgekürzt auf den Eigennamen einer heutigen „Nation" hin, die bis 1979 vom sogenannten „Pfauenthron" regiert wurde – also auf Persien – und nach („post") dem Sturz des Schahs durch die islamische Revolution zur Iranischen Republik wurde.

HOMONYME BEGRIFFE

Mehrere Angaben in einem Lösungshinweis stehen in Bezug zueinander und zum Lösungswort. Sie sind oft mit Kommas, Strichpunkten oder Gedankenstrichen verbunden, die dann auf ein Homonym (gleichlautendes Wort) oder auf ein Polysem (mehrdeutiges Wort) verweisen, weil sie zwei unterschiedliche Bereiche, die mit dem gleichen Begriff bezeichnen:

12w (18B): „**Werbemittelmittelsmann** – **und**, je nach Saison, **auch der Ahorn.**"   – FLUGBLATTVERTEILER

36w (5B): „**US-Lokal** – bei uns ein **Festmahl.**"   – DINER

Eine Frage kann auf eine witzige Missverständnismöglichkeit eines Begriffs hinweisen.

22/2010 (37w): „**Seufzer** eines Rattengeplagten? Asiatische Variante eines **tierisch** Renitenten!" (6B)   – ONAGER
Ausgeschrieben würde die Frage lauten: Ist dies der Seufzer eines von Ratten Geplagten? („O Nager!") Nein – „Onager" ist auch der Name für einen asiatischen Esel!

Das Subjekt kann aber auch nur scheinbar durch ein Pronomen ersetzt sein:

48/2010 (38w): „**Eine** an der Seine ist ebenda der Gemeinde eingemeindet." (3B)   – UNE (in commune)
Die Lösung zeigt, dass mit dem „eine" der unbestimmte Artikel gemeint ist. Die Aussage lautet: Der Artikel „eine" ist an der Seine (d. h. im französischen Sprachgebiet und sogar im französischen Wort für Gemeinde – la ‚commune') buchstäblich als „une" vorhanden.

In anderen vollständigen Sätzen kann das Lösungswort durch ein Pronomen angesprochen sein.

51/52 2009 (23w): „**Seinen** Kollega am Tiber gibt's auch als Riegel."   – ARES

ebd. (2w): „Zeigen nach dem Würfelfall **die gleiche** Augenzahl."   – DUBLETTEN
Würfel zeigen nach dem Fall dieselbe Augenzahl: Die Verbform deutet auf einen Plural hin.

Ironie (Ausdruck für das Gegenteil)

13/2011(38w): „Geschäfte aber auch Spannerschikanen."   – LAEDEN
Die Ironie findet darin statt, dass „Schikane" für etwas Unerwünschtes (Spanner) gilt. Die Polysemie von „Läden" als Geschäfte, aber auch als Fensterläden und dort als ironischen Hinweis auf die Verhinderung der Sicht für „Spanner" (als „Schikane" für Voyeure).

KATACHRESIS (UNÜBLICHE KOMBINATION VON BEGRIFFEN)

8/2011(42w): „Schülerstress – im Huschpfuschprinzip keinen Versuch wert."   – TESTREIHE
Das witzige lautmalerische „Huschpfuschprinzip" steht für ein stümperhaftes, zu flüchtiges Vorgehen.

LITOTES (UNTERTREIBUNG)

14/2011(1s) „**Der vermeintliche Dessert** ging an Wenger Kilian."   – SCHLUSSGANG
Der süsse Abschluss eines Essens hat in der Realität wenig mit dem Schlussgang im Schwingsport zu tun. (Auf Schwingen lassen sowohl der Eigenname als auch die Erstnennung des Nachnamens schliessen.) Sprachlich wird durch das Wort „vermeintlich" diese Untertreibung jedoch explizit angezeigt.

METAPHER (ÜBERTRAGENE BEDEUTUNG)

20/2011(6s): „Der **Gulliver** quasi im **Bonsailand**."
                                                                       – TITANWURZ
Mit dem Namen von „Gulliver", dem Riesen, in der Umgebung von Bonsais, jenen gezüchteten Miniaturpflanzen, verbinden sich die Gegensätze gross und klein – ein Hinweis auf die Lösung TITANWURZ, eine Pflanze, die den grössten unverzweigten Blütenstand im Pflanzenreich hervorbringt.

18/2011 (3s): „In einer **cineastischen Dreierkiste** durch Werner besetzt" (6B)   – JULES
Der Ausdruck „Dreierkiste" steht als umgangssprachlicher Ausdruck für eine Dreiecksbeziehung. Oskar Werner spielte die Rolle des Jules im Film „Jules et Jim".

NEOLOGISMEN (WORTNEUSCHÖPFUNGEN)

Wort-Neuschöpfungen kommen oft bei Komposita zur Anwendung. wie z. B. bei „Werbemittelmittelsmann".

ONOMATOPOESIE (LAUTMALEREI)

19/2011(27s): „Verlangt mit tata freie Bahn." (5B) – TATUE
Der Dreiklang der Sirene eines Krankenwagens (onomatopoetisch bekannt als „Tatü-tata") wird wörtlich nachgebildet.

PERSONIFIKATION (VERMENSCHLICHUNG EINES GEGENSTANDS)

24/2011(42w): „Die eher **deutsche Kühle** gibts in der dito Diele." (7B)   – EISKREM
Eiskrem wird vermenschlicht als eine „deutsche Kühle". Im Hintergrund spielt der Vergleich mit einer „kühlen Blonden"

mit. Es gibt diese „Kühle" aber in einer deutschen Eis"diele" – als EISKREM. Interessant ist die Schreibung von «Eiskrem», als ein deutscher umgangssprachlicher Ausdruck, denn auch Standarddeutsch heisst es Eiscreme.

POLYSEMIE (MEHRDEUTIGKEIT)

Die Mehrdeutigkeit der verwendeten Begriffe verführt durch die Vielfältigkeit der Wissenswelten.

51/52 2009 (20w): „**Naheliegende** Nachtruhestörung" (7B)
– GESAEGE

ebd. (33w): „**Moralische Nieten gewisser**massen." (7B)
– EHRLOS

REPETITIO (WORT-WIEDERHOLUNGEN) MEIST MIT POLYSEMIEN

2/2011(23w): „Entsteht **Zug um Zug**." (5B)   – ASCHE
Die Redewendung „Zug um Zug" verrätselt durch die Mehrdeutigkeit von „Zug" als Bahn, Spielzug, Atemzug etc. Sie bedeutet hier das Ziehen an einer Zigarette.

32/2011(28s): „Bei hiesigem **Frauenmagazin** das Blatt im Blatt." (4B)   – ELLE (in Annab**elle)**
Ein in der Schweiz editiertes Frauenmagazin beinhaltet ein anderes „Blatt" (ein ‚Frauenblatt'): Die ANNABELLE enthält buchstäblich ELLE, den Namen einer anderen Frauenzeitschrift.

SYNONYME (BEGRIFFE MIT GLEICHEM SINN)

51/52 2009 (35w): „**Bittsteller** von Grundrechts wegen." (6B)
– PETENT

33/2011(1s): „Das **Schlitzohr** kommt auch bei Müllers oder Hubers vor." (11B)   – SCHLAUMEIER
(Nicht nur bei Meiers!)

34/2011(37w): „**Umweglos** – ähnlich wie **ohne Veilchen** und dergleichen." (6B)   – DIREKT
„Umweglos" und „ohne Veilchen und dergleichen" (als ‚unverblümt') sind beides Synonyme für ‚direkt'.

Wortspiel und Wortwitz

Die Witzigkeit gehört zu Rätseln wie Mehrdeutigkeiten. Viele Lösungshinweise haben Humor, der aber seinerseits versteckt sein kann und die Lösenden – oft erst im Nachhinein – schmunzeln lässt.

51/52 2009 (27): „**Entrüstet** sich des nächtens, die Sir-Walter-Gestalt" (7B) – IVANHOE
Aus „sich entrüsten", das ‚sich empören' bedeutet, wird als Wortwitz das Verb-Konstrukt ‚sich der Rüstung entledigen' gemacht.

ebd. (10s): „Ein Paradebeispiel, zur **Schau** gestellt." (4B) – HEER

25/2011(7s): „Was übervorsichtige Heiratsmuffel grossräumig umschiffen." (9B) – GIBRALTAR
Die negative Verstärkung liegt in der Eigenschaft „übervorsichtig" eines „Heiratsmuffels", einem, der dem Heiraten abgeneigt ist, als Heiratsunwilligen oder -ängstlichen, indem ihm unterschoben wird, sogar Orte, die wörtlich mit Heiraten zu tun haben, zu vermeiden – Orte wie z. B. Gibraltar (als die Meerenge zwischen zwei Kontinenten) mit dem wörtlichen Inhalt ALTAR.

39/2011(35): „Darf, wer in London **serviert**, nicht touchieren." (3B) – NET
„Servieren" ist hier als Tennis-Fachausdruck gemeint: Beim Service darf der Ball das Netz (engl. ‚net') nicht berühren. Der Hinweis auf englisches Idiom geschieht durch die Verortung „in London". Irreführendes Spiel mit dem Verb „servieren" durch das übliche, bekanntere Servieren im Gastgewerbe.

Zur Illustration hier noch zwei weitere Hinweise und Lösungen, die Wortwitz zeigen:

9/2011(1s): „Eine wie Loren: **atemraubend** am Stück."(10B) – BELLADONNA
16/2011 (9s) „Eine Frau, die Mann stets **im Auge** hat." (4B) – IRIS

Vergleich

36/2011(29w): „**Doppelzüngig eigentlich, rein etymologisch.**" (8B) – BILINGUE
Die Übersetzung ‚zweisprachig' für bilingue wäre richtig, es dient aber wortspielerisch „doppelzüngig" als Vergleich.

FORMULIERUNGEN FÜR BESTIMMTE LÖSUNGEN

Oft wird in TMB-Lösungshinweisen mit speziellen und variantenreichen Formulierungen auf die Eigenart des Lösungswortes hingewiesen. Anstelle der erwarteten Bedeutungserklärung wird z. B. auf buchstäbliche Gegebenheiten hingewiesen, auf dessen Fremdsprachlichkeit oder dessen Dialekt oder auf dessen besondere äusserliche Form (wie ein Anagramm) oder auf dessen grammatische Form (wie ein Kompositum, eine Abkürzung etc.). Solche spezielle Formulierungen versuche ich im Folgenden auseinanderzuhalten; doch ist es ja gerade die Absicht des Rätsels, dass sie sich immer wieder mit anderen rhetorischen Formen kombinieren und überschneiden.

HINWEISE AUF BUCHSTÄBLICHES

Hier wird, anstatt auf die erwartete Bedeutung, buchstäblich auf das Lösungswort hingewiesen.

4/2011(25w): „Kinder können **zielgerichtet Frust** durchaus was abgewinnen." (4B)   – [F]-RUST

Die enthaltene Gegenüberstellung von Frust und Lust, versteckt sich in der Formulierung „was abgewinnen", und weist buchstäblich auf das im Wort „Frust" enthaltene „Rust" als Reise-„ziel" (in „ziel-gerichtet"), auf den Vergnügungspark RUST in Deutschland hin.

39/2010 (34s) „Der Mann ist ständig **im Gleichgewicht**." (4B)   – ALAN
Der Name eines Mannes ist wörtlich „im Gleichgewicht", nämlich im französischen Begriff B**alan**ce buchstäblich integriert.

12/2011 (25s) „Wenn **hohlmasslos**, bleiben **Madames Waffen** Waffen." (5B)   – ARMES (in **Larmes**)
Der eine Hinweis auf die französische Sprache liegt in „Madame". Etwas diskriminierend sind als „Waffen der Frau"

Tränen (frz. larmes) gemeint. Nimmt man ihnen das „Hohlmass" Liter (abgekürzt: ‚l') weg, sind ‚armes' (frz. Waffen) die Lösung)

13/2011 (32w) „Wird bewundert – **mitgebeutelt** Down Under." (4B)   – GURU (in Kän**guru**)
Das/der Bewunderungswürdige wird in Australien („Down Under") „mitgebeutelt", d. h. im Beuteltier – z. B. einem Känguru – mitgetragen. In diesem Eigennamen ist GURU ein buchstäblich miteinbezogener Teil dieses Wortes – nicht ein „mitgebeutelter" Teil des Tieres.

14/2011 (29w) „Sinnstiftend wäre **er dekliniert** bei Leutter integriert." (3B)   – IHM (in Le**ihm**utter)
Hier soll die deklinierte Form des Pronomens „er" gefunden werden, um ein Wort zu formen, das „sinnstiftend" dem Wort „LEUTTER" das nichts aussagt, „integriert", d. h., buchstäblich eingeschrieben werden muss. Dies ist eine Aufforderung zum Spiel mit Wortformen: Das Pronomen „ihm" erfüllt diese Bedingungen, da seine Integration in LEUTTER das sinnvolle Wort Leihmutter ergibt.

16/2011 (26s) „**Wer macht** Williams Darling **zum Nordspanier**?" (4B)   – ALAN (in Kat**alan**e)
Der Hinweis „macht zu" weist auf „Nordspanien", auf Katalanien hin: Der Name der Frau von Prinz Willams, ist Kate. Der englische Eigenname ALAN macht, integriert im Namen KATE buchstäblich einen „Katalane[n]".

Die Lösung kann auch buchstäblich in einem Wort des Lösungshinweises enthalten sein:

51/52 2009 (34w) „Die **in** Illus**trier**te **integrierte** Moselstadt." (5B)   – TRIER
Der Schlüsselhinweis „integriert" weist auf die buchstäblich aus dem Wort „Illustrierte" heraus lesbare Buchstabenfolge.

ebd. (37w) „Dem Tag**esa**nzeiger **zu entnehmen**: Fernreiseunternehmen." (3B)   – ESA
Der Doppelsinn des Dativobjektsbezugs von „entnehmen" dient der Irreführung vom Inhalt der Zeitung (ESA als Abkürzung von European Space Agency) zum buchstäblichen Vorhandensein der Buchstabenfolge ESA im Wort Fernreiseunternehmen.

42/2010 (5s) „Wächst **auch in** Blaukreuzers Sch**rebe**rgarten." (4B)   – REBE
Rebe ist buchstäblich im Schrebergarten vorhanden.

42/2010 (15s) „Der **im** Cha**tea**uneuf-du-Pape nichts zu suchen hat." (3B) – TEA
Negierter, witziger und sprachübergreifender Hinweis auf das englische Wort tea, das buchstäblich im Namen einer französischen Weinsorte enthalten ist, der Bedeutung nach aber – als Tee in einem Wein – dort nichts zu suchen hat.

Manchmal wird die Flüchtigkeit der Lesenden ausgenützt:

51/52 2009 21w „**Sein** Miezenbuch wurde zum Showbüsinesshit." (5B) – (T.S.) ELIOT
Das Wort „Showbüsiness" dessen ü-Pünktchen leicht überlesen werden können und das deshalb wohl meist zuerst als ‚Showbusiness' gelesen wird, ist bereits ein buchstäblicher Aspekt, der als Wortspiel auch noch den wichtigen dialektalen Hinweis „Büsi" auf das Katzenmusical Cats enthält.

Ein typischer Hinweis für buchstäbliche Inhalte eines Worts ist ein simples „**in**" und oft sind Wortteile, die auf den Inhalt bezogen scheinen, eigentlich ein Hinweis auf die Anzahl Buchstaben:

Ebd. 17s „Die Schweizer Sippe **lässt sich zu drei Vierteln an zwei Händen abzählen.**" (4B) – ITEN
Es wird auf ¾ einer „Sippe" hingewiesen, es wird aber auf 3 der 4 Buchstaben von ITEN hingewiesen: Die englische Zahl ‚ten' für die ‚zehn' Finger an „zwei Händen" findet man buchstäblich im Schweizer Nachnamen Iten.

HINWEISE AUF SPRACHEN UND DIALEKTE

Die Lösungshinweise verrätseln relativ oft ein Lösungswort aus einer andern Sprache, vor allem aus dem Englischen aber häufig auch aus den Schweizer Landessprachen Französisch und Italienisch (eher selten Romanisch) oder deuten auf Umgangssprachliches.
Häufig weisen lokale Bezeichnungen z. B. „in Paris" (für französische) oder „in London" (für englische) oder fremdsprachige Begriffe in den Lösungshinweisen auf die Sprache des Lösungswortes hin.

ITALIENISCH

Zum 150. Jahrestag der Gründung der Republik Italien im März 2011 war sogar ein ganzes Kreuzworträtsel zweisprachig gemixt. Im entsprechenden TA-*SONDERMAGAZIN* (10/2011) über Italien trug das TMB-Kreuzworträtsel dann auch gleich die Bezeichnung „Cruciverba", war durchgehend deutsch/italienisch abgefasst und verlangte Lösungen in beiden Sprachen ab.

10/2011 (11w): „Wenn Leone mit Morricone." (16B)
– SPAGHETTIWESTERN
(22w): Das Nahrhafte an der Gioconda Rätselhaftem." (4B)
Das Lächeln der Gioconda ist angesprochen (ital. Il sor**riso**).
– RISO

3s): „Toskanastadt, die **das Zeug** zum Erdteil hat." (16B)
– SIENA (Anagramm von ASIEN)
18w) „Lösung respektive Soluzione für blasse Teutonen."
(4B) – SOLE
Der Lösungshinweis steckt darin, dass von einer Sprache („Lösung, resp. Soluzione") auf die andere verwiesen wird. Das (Bräunungs-) Mittel für „blasse Teutonen" ist die italienische Sonne (il sole). Sprachlich besonders ist das Wortspiel mit „soluzione" und der Lösung „SOLE".

5/2010 (31w) „Verwandte **wo viele tante**." (3B) – ZIA
Mit „wo" ist Italien gemeint, wo ‚viele' übersetzt wird mit ‚tante'. Das italienische ‚tante' findet sich im Deutschen in der Tante (ital. la zia).

LATEINISCH

51/52 2009 (31w): „**Latin** lover's **Art**, so zu sagen." (3B)
– SIC
Mit dem „Latin lover" sind Männer aus dem romanischen Sprachraum angesprochen, denen der Volksmund nachsagt, sie seien besonders gute Liebhaber (lovers). Zentral ist die Formulierung „so zu sagen", die hier mit der Betonung auf „so", als Adverbiale, die Übersetzung in eine romanische Sprache anzeigt; das lateinische Wort für „so" ist sic.

30/2011(25s) „Frau Mahler macht Mutter zum Bildungsinstitut." (4B) – ALMA
Die Frau des Komponisten Gustav Mahler hiess Alma. Eine Universität trägt die lateinische Bezeichnung ALMA Mater (Mutter).

ENGLISCH

1/2010(32w) „Sowohl Goldgrube als auch Besitzstand **in England**." (4B) – MINE
„In England" weist auf die englische Sprache, „sowohl – als auch" auf eine Doppelbedeutung.

1/2010 (23s) „Echt stillos, ein **Afternoontee** ohne ..." (5B)
– SCONE
Ein stilvoller „Afternoontea" wird in England seit jeher mit dem typischen Teegebäck Scone genossen.

51/52 2009 (38w): „Strick – **Westminster**gänger im Rückspiegel." (4B) – REEP (PEER)
Westminster ist der Hinweis auf England und damit auf die englische Sprache – eigentlich kurz: „Strick auf Englisch" = reep. Diese Übersetzung von „Strick", bezeichnet rückwärts gelesen einen „Westminstergänger", einen Peer.

SCHWEIZER UMGANGSSPRACHE:

Ebd. (13s): „Geschieht **in der Schweiz** mit heissen Eisen." (8B) – GLAETTEN
Vieles kann geschehen mit heissen Eisen. „In der Schweiz" weist aber auf die sprachliche Verortung dieser Handlung („geschieht") hin, nämlich auf einen schweizerischen Standard-Dialektausdruck dieser Handlung „mit heissem Eisen".

FRANZÖSISCH

51/52 2009 (26w): „Was gestern **im Westen** paart sich mit Heute zur Gegenwart." (4B) – HIER

ebd. (24w): „**Anders benamste** Stiefmütterchen werden **hier** ausgebrütet." – TETE

35/2011(20w) „Bloss **für Franzosen**" (9B)
Es ist die wörtliche französische Übersetzung von „bloss" oder ‚nur' gemeint. – SEULEMENT

25/2011 (16s) „**Für die Coiffure eine Torture** – auch **englische Littérature**."(7B)
– TEMPÊTE (The Tempest, by W. Shakespeare)
Die auf Französisch sich reimenden Ausdrücke weisen auf einen französischen Namen für eine Frisur, die schwer zu kämmen ist, die eine Tortur bereitet, hin – auf eine Sturmfrisur. Sie wird assoziiert mit einem Werk der englischen Literatur, Shakespeares' Sturm.

Wie das letzte Beispiel zeigt, kommen nicht nur verschiedene Sprachen zum Zuge – oft wird sogar die Fähigkeit zum Switchen zwischen verschiedenen Sprachen vorausgesetzt.

ENGLISCH/DEUTSCH/FRANZÖSISCH

(36w): „**US**-Lokal – **bei uns** ein Festmahl." (5B) – DINER
Der Begriff ‚Diner' gehört sowohl in den englischen als auch in den französischen Sprachraum. Die Ausführung „bei uns" bezieht sich auf den schweizerdeutschen Sprachraum, wo ein festliches Abendessen, als Lehnwort aus dem Französischen, ‚Diner' genannt werden kann.

Englisch-Deutsch:
(30w): „An **Filmschaffende gemahnender** schnittiger Kahn." (6B) – KUTTER
Die Bezeichnung für einen Beruf von „Filmschaffenden", den (Film-)Cutter/innen, ist sprachverwandt zu einem (Schiffs-)Kutter. Das deutsche Lösungswort ist über den Hinweis auf die englische Berufsbezeichnung von „Filmschaffenden" umschrieben.

SCHWEIZER DIALEKT

1/2010 (2s) „**Unter uns** gesagt, Potter Sportgerät." (5B)
 – BAESE
Mit „uns" sind wir Schweizer/innen gemeint, und damit unsere Dialektausdrücke.

ANDERE DIALEKTE

52/2010 (34s) „Was **Berliner** auf dem Ego-Trip an **Zicke**n lieben." (4B) – ICKE
Auf die Lösung wird sowohl mit dem Ort wie auch buchstäblich („icke" in „Zicken") hingewiesen.

UMGANGSSPRACHE

25/2011(36s) „**Kommt nicht in die Tüte** - eher rüde." (3B)
 – NEE
Der umgangssprachliche Ausdruck „Kommt nicht in die Tüte" bedeutet nein, und dies „eher rüde" gesagt, nee.

Dass die Lösungswörter viele verschiedene Idiome aufweisen können, ist eine Eigenart der TMB-Kreuzworträtsel und bedeutet eine weitere intellektuelle Herausforderung für die Lösenden. Es kommen sporadisch auch

Hinweise auf weitere anderssprachige Ausdrücke vor, z. B. aus dem Romanischen, Spanischen, Slawischen, Russischen, Griechischen, Japanischen, Schwedischen oder sogar aus Alt- resp. Mittelhochdeutsch.
Bei der Auszählung der nicht Standarddeutschen Sprachen in den TMB-Kreuzworträtseln von 2010 und 2011 hat sich gezeigt, dass meistens Lösungswörter aus dem Schweizerdeutschen zu finden sind. Französisch und Italienisch sind als Landessprachen öfter vertreten als andere Fremdsprachen. Romanisch kommt nur sehr selten vor. Der Hauptteil der fremdsprachigen Lösungswörter aber stammt aus dem englischen Sprachraum, wohl weil Englisch den deutschen Sprachgebrauch schon von vornherein prägt.

Hier ein Beispiel für den Hinweis auf ein Fachwort, das (wie so oft) zugleich Fremdwort ist:

FREMD- UND FACHWÖRTER:.

2/2011 (15w) „Der Ergriffene könnte auch der Ergreifende sein." (9B)   – ARRESTANT
Ein Ergriffener könnte ein von der Polizei Ergriffener sein. Das Fremdwort und der Fachausdruck für ihn sowie für den Beamten, der einen Verbrecher verhaftet, ist Arrestant.

HINWEISE AUF BESONDERE WORTFORMEN

AUF KOMPOSITA

Ein entscheidender Hinweis auf ein zusammengesetztes Wort ist die im Gitter abzählbare Buchstabenlänge: Wörter, die mehr als 11-12 Buchstaben umfassen, sind mit grosser Wahrscheinlichkeit Komposita. GLAUBENSFREIHEIT (6w) und FLUGBLATTVERTEILER (12w) sind im Paradebeispiel verrätselt. Hier ein Beispiel, das bereits im Hinweis mit einem Kompositum Verwirrung zu schaffen weiss:

39/2010 (13w) „Sind eher selten Gastroweltmeldungen." (16B) – LOKALNACHRICHTEN
Gesucht sind hier Meldungen, die nicht auf die Gastrowelt referieren, aber (wörtlich) darauf schliessen lassen.
Meldungen haben als Synonym Nachrichten. Nachrichten, die nicht aus aller Welt kommen, sind örtlich gebundene, lokale. Die Bezeichnung ‚lokal' gehört nicht nur dem Ort, sondern auch dem Gastrobereich an.

AUF ABKÜRZUNGEN

Die Hinweise auf Abkürzungen als Lösungswörter werden entweder mit speziellen Kommentaren wie „kurz gesagt" angezeigt oder sind selbst verrätselt wie in ‚dem Mass aller Dingi', wo die Nettoregistertonne als das offizielle Schiffsmass NRT erscheint. Die besondere Problematik bei Abkürzungen ist, dass die geringe Anzahl Buchstaben im Lösungswort wenig Kreuzungen mit andern ergibt, d. h., dass damit viele Möglichkeiten offenbleiben.

48/2010 (34s) „Lionel Richies ganze Nacht **auf den Punkt gebracht**." (3B) – ANL (Abkürzung für ‚all night long')
Ein berühmter Song Lionel Richies trägt den Titel: „All night long". „Auf den Punkt gebracht" ist hier zu verstehen als Hinweis auf eine Abkürzung, die ja für gewöhnlich mit dem Anfangsbuchstaben des Wortes plus Punkt angezeigt wird. „All night long" könnte also mit „A. N. L." abgekürzt werden..

3/2011(9s) „Kalendertag **oder** Casus interruptus." (3B)
– DAT
„Unterbrochen" ist hier der Hinweis darauf, dass eine Abkürzung gesucht ist. Daher stellt sich die Frage, welcher Abkürzung sowohl Kalendertage als auch eine grammatische Fallbezeichnung („Casus") anzeigen kann.

16/2011 (36s) „Der Lefti **ist auch** ein Londoner Airport." (3B)
– LTN
Die Abkürzung für Leutnant ist auch die Bezeichnung für einen Londoner Flughafen. Der Abkürzungshinweis steckt im mundartlich abgekürzten „Lefti" für Leutnant und wird durch die gleiche (englische) Bezeichnung für den „Londoner Airport" (LTN) für Luton ergänzend verstärkt.

AUF HOMONYME (GLEICHLAUTENDE WÖRTER)

30/31 2011(40w): „So genannt **lässt sich** die Ulme **auch als** Gerichtspräparierer **definieren**." (7B)   – RUESTER
Die „so genannte Ulme" – der Rüster – ist ein alter Name für Ulme sowie die Benennung für einen Gerichtspräparierer. „Lässt sich auch als (etwas anderes) definieren" weist auf die Doppeldeutigkeit des Lösungsausdrucks hin. (Die andere Doppeldeutigkeit von „Gericht" als Verhandlungsort des Rechts und als präpariertes Essen, verwirrt zusätzlich.)

23/2011 (25w): „**Mehrere** Damen **dieses Namens** sind ein Euro-Sorgenkind." (6B)   – HELLA
Mehrere weist auf den Plural des weiblichen Vornamens Hella als HELLAS hin, was im Griechischen der Begriff für Griechenland ist.

37/2011 (30s): „Ein Kamel, **das auch** Buddhist ist." (4B)
– LAMA
Es wird vorgeblich ein buddhistisches Kamel gesucht – eigentlich aber eine Kamelart, die gleichbedeutend ist für einen buddhistischer Klostervorsteher. Die Mehrdeutigkeit der Bezeichnung LAMA, als ein Buddhist und eine Kamelart, wird mit der Gleichsetzung in „ist auch" verschwiegen, denn ein Lama „ist" nicht „auch Buddhist", nur deren Bezeichnungen sind homonym.

39/2011 (4s): „**Adverb** – wird angehängt, wenn **Frau der Rede wert**." (5B)   – INNEN
Hier wird homonym zur weiblichen Pluralendung „-innen" auf ein gleichlautendes Adverb hingewiesen.

22/2011(12w): „**Unterfangen** von **sowohl** Budget- **als auch** Kammermusikmacher." (17B)
– ZUSAMMENSTREICHEN

Die beiden Hinweise auf ein Unterfangen, das sowohl für etwas als auch für etwas anderes gilt – für das Bearbeiten von Budgets und auch für das Tun von Musikern an Streichinstrumenten, deutet auf einen Begriff, der für zwei Tätigkeiten gilt.

AUF ANAGRAMME

Anagramme, als Wörter mit neuer Sinngebung durch umgestellte Buchstaben, sind als Lösungswörter in TMB-Kreuzworträtseln relativ häufig gesucht. Die Hinweise darauf sind ohne Vertrautheit mit diesen Kreuzworträtseln nur schwer erkennbar.

a) Mit dem Bezugswort im Hinweis selbst:

25/2011 (19w) „Was Sie beschäftigt: **Eritrea gibt's her**." (7B) – RATEREI
Die Rätsellösenden sind mit dem höflichen „Sie" direkt angesprochen. Ihr Tun ist die Raterei. Dies „gibt" das Wort „ERITREA" buchstäblich „her".

27/2011 (40w) „**Fred Lore hat das Zeug** zum Kleinortbewohner." (8B) – DOERFLER
FRED LORE „hat das Zeug", d. h. die Buchstaben, für einen Kleinortbewohner.

9/2010 (3s) „**Lakonismus** ist, leicht bekömmlich, **zum Klingen zu bringen**." (10B) – SALONMUSIK
Im Wort „Lakonismus" steckt buchstäblich ein anderes klangvolles Wort. Die Buchstaben des Begriffs „LAKONISMUS" ergeben umgestellt einen „leichtbekömmlichen" Musikstil, die Salonmusik.

4/2010 (8s) „**Neugeordnetes Eigenlob**: Aufgabenstellung quasi." (8B) – OBLIEGEN
Die Buchstaben des Wortes „EIGENLOB" müssen „neu geordnet" werden, damit sie eine „Aufgabenstellung", ein Obliegen, ergeben.

50/2010 (22w) „**Hat eine Verbindung zur Liranote – buchstäblich**." – RELATION
„Relation" ist ein Anagramm von „Liranote". „Buchstäblich" weist direkt darauf hin, dass ein Anagramm gesucht ist und die „Verbindung" gibt auf semantischer Ebene einen Hinweis (Synonymie) auf das Lösungswort.

b) Mit dem Bezugswort als Synonym im Hinweis:

Wenn das umzuformende Wort nicht im Hinweis steht, muss erst ein Synonym gefunden werden, das dann für die Umformung in ein Anagramm verwendet werden kann.

33/2011 (40w) „Der **Hirtenknabe könnte buchstäblich Deutscher werden.**" (4B) – BUEB (Bube)
Der Hirtenknabe hat als Synonym den Buben. Der Artikel „der" kann immer auch demonstrativ gemeint sein. „Der" steht hier für jenen ‚Bueb' (den Hirtenknaben im Schweizerdialekt) und auch für den Bub(en), als deutscher Bube.

30/2011 (4s) „**Aus** zeitweilig exilierter **Madame**: Stilllebenskünstler **Willem van**." (5B) – (Willem van) AELST
Als Hinweis auf ein Anagramm findet sich nur das „aus". Eine Französin, die vorübergehen im Exil war, ist die „Madame" de STAEL und der Name des Malers war van AELST.

23/2011 (33w) „**Verwirrt** wäre **die alte Verwandte** Estomac-Patientin."(6B) – UROMA
„Verwirrt" bezieht sich hier auf die Buchstaben einer „Estomac-Patientin", die umgestellt werden müssen, um das Lösungswort zu erhalten. Eine alte Verwandte soll anagrammatisch also auch eine magenkranke Frau („Estomac-Patientin") sein. Dass damit die Liebe (frz. l'amour) durch den bilingualen Hinweis „Estomac-Patientin gemeint ist, weil sie durch den Magen (l'estomac) geht, ist um viele Ecken verrätselt formuliert.

23/2011 (22s) „**Der deutsche Fluss** würde **mit einem Dreh** zum LKW." (6B) – ALSTER
Mit einem „Dreh"en der ersten 2 Buchstaben im „deutschen Fluss" ALSTER, würde der „Laster" – ein „LKW" entstehen.

AUF PALINDROME UND AMBIGRAMME

Palindrome sind vorwärts- und rückwärts lesbare Begriffe wie REGEN/NEGER oder ANNA, OTTO, EGGE (letztere sind sog. Ambigramme). Palindrome werden im Lösungshinweisen durch Andeutungen wie „verspiegelt", „im Rückspiegel" (in 38w: REEP - PEER) oder „im Kopfstand gesehn" (bei senkrecht abwärts und aufwärts lesbaren Wörtern) vermittelt.

45/2010 (30s) „Europäische Hauptstadt – **andersrum** Figur von Irving John."(4B)
– PRAG (von unten nach oben gelesen: GARP)
Die „europäischen Hauptstadt" PRAG lautet „andersrum" gelesen wie eine Figur aus John Irvings Romanen, Garp.

35/2010 (25s) „Käseexportort – **umgekehrt** eine, die gerne im Speck steckt." (4B)
– EDAM (von unten nach oben gelesen: MADE)
Ein „Käseexportort" (ein schwer lesbares Kompositum), also ein Ort, der dafür bekannt ist, Käse zu exportieren, muss gefunden werden: EDAM ist ein solcher Ort. „Umgekehrt" gelesen ist dies „eine, die gerne im Speck steckt": eine MADE.

38/2011(28w) „Legendäre Hessenstute – wird **verkehrt** verehrt." (5B)   – HALLA (von rechts gelesen: ALLAH)
Das Reitpferd „Halla" wird „verkehrt" (d.h. rückwärts)gelesen zum Gotte der Muslime, „Allah".

20/2011 (36w) „Die ukrainische Handballerin kennt nicht jeder – deshalb: **retrospektiv** eine Frau der Feder." (6B)
– RESNIR / RINSER
Der Nachname der Handballerin Olga RESNIR ist „retrospektiv" ('rückwärtsschauend',d. h. von rechts nach links gelesen) der Name einer „Frau der Feder", der Nachname der Schriftstellerin, Luise Rinser.

9/2010 (30s) „Ein Mäuseschreck **sowohl vom Bug als auch vom Heck**." (3B)   – UHU (Ambigramm)
Mit den Boot-Fachausdrücken – „Bug" als dem vorderen Teil des Schiffes und dem „Heck" als hinterem Teil – sind die beiden Leserichtung angesprochen.

13/2011(34s) „Lebensrettendes **Palindrom**." (3B)   – SOS
Der Lösungshinweis spricht explizit ein „Palindrom" an, das „lebensrettend" ist, ohne dessen Abkürzung zu erwähnen, die allerdings besser bekannt ist als die ausgeschriebene Fassung 'save our souls'.

16/2011 (11s) „Was so, bleibt **auch Kopf stehend** begehrt?" (3B)   – RAR
Was RAR ist, ist begehrt. Der Hinweis betrifft ein senkrecht geschriebenes Ambigramm als Lösungswort, das auch umgekehrt geschrieben – „auf dem Kopf stehend" – dasselbe bleibt und die Eigenschaft „begehrt" hat.

ZUSAMMENFASSUNG DER LÖSUNGSSTRATEGIEN

FÜR RÄTSELTEXTE ALLGEMEIN

Vertrautsein mit einer Rätselart.
Einordnen Texts nach Form und nach Herkunft.
Genaues Lesen.
Überprüfen der impliziten Fragen.
Reduzieren auf Fragen nach Begriffen und derer Definitionen.
Beachten von Wortformen und der Hinweise auf Wortarten Auswerten grammatischer Gegebenheiten.
Suchen nach Hinweisen, die auf bestimmte Wortformen, auf Fremdsprachen, auf Buchstabenketten, auf Anagramme etc. hindeuten.
Wissen um Verrätselungsformen.
Enttarnen von Wortspielen.
Entlarven von Ironie.
Klären von Redewendungen, Metaphern, Polysemien und Neologismen.
Suchen nach semantischen Zusammenhängen.
Überprüfen der potenziellen Lösungen mit den Hinweisen im Rätsel auf deren logische Entsprechung.

BEGLEITENDE VORAUSSETZUNGEN UND BEDINGUNGEN

Informiertsein über Allgemeines und Aktuelles aus vielen Wissenswelten.
Benutzen von Quellen (Lexika oder Internet-Suchmaschinen) für Eigennamen, Fachwörter und Fremdsprachen.

FÜR KREUZWORTRÄTSEL

Herstellen der numerischen Bezüge der Lösungshinweise und der Zahlen im Gitter.
Freies Wählen der Löse-Reihenfolge oder systematisch – individuell, je nach Typ der Lösenden.

FÜR KRYPTISCHE KREUZWORTRÄTSEL

Entschlüsselung der Lösungshinweise über diverse Stationen:
Paraphrasieren, d. h. Umformen der Lösungshinweise aus Ellipsen und Satzfragmenten in verständliche Umschreibungen oder Fragen nach einer Lösung.
Erkennen von Hinweisen auf Buchstäblichkeiten anstelle von Inhalt.
Beachten der Buchstaben des Lösungswortes aus der Gitterzeile als Lösungshilfen und vice versa der vorbestimmten (grauen) Felder des Gitters mit dem Lösungswort der Gitterzeile.
Beachten von intratextuellen Bezügen zu anderen Lösungshinweisen oder Lösungswörtern.
Übereinstimmen der Buchstaben als Ergänzung der querstehenden Lösungswörter.
Verwerten von Informationen aus dem MAGAZIN-Inhalt und Aktualitäten.
Verstehen von Komposita und Abkürzungen.
Durchschauen von Eigennamenverbindungen.
Abwägen der Lösungsmöglichkeiten nach Wortlänge und nach deren Übereinstimmung mit dem Lösungswort und nach deren Kompatibilität im Gitter.
Durchbuchstabieren von fehlenden Buchstaben in Lösungswortlücken.
Überprüfen und Verknüpfen der „um die Ecke angesprochenen" Wissenswelten.

> Lang und schmal ist ein Weg. Sobald du ihn gehest, so wird er
> Breiter; aber du ziehst Schlangengewinde dir nach.
> Bist du ans Ende gekommen, so werde der schreckliche Knoten
> Dir zur Blume, und du gibst sie dem Ganzen dahin.
>
> J. W. von Goethe: *Weissagungen des Bakis (2)*

Wie diese Weissagung des Bakis besagt, ist der Lösungsweg eines Rätsels ein „langer, schmaler", d. h. beschwerlicher: Bedeutungen „winden" sich wie „Schlangen" und bilden sogar „schreckliche Knoten", die sich nur im „Gehen", d. h. im fortlaufenden, unentwegten Suchen und Raten entfalten und die sich am „Ende" in jener „wunderbare Blume", d. h. in der Lösung, auftun, die das „Ganze", d. h. den eigentlichen Sinn des Rätsels, erschliesst.

ANHANG

ALLE TMB-GITTERZEILEN DER MAGAZINE VON 2010

„Körperertüchtigung für Übergewichtige"   – BREITENSPORT
„Teil der Kuh – gehört bei uns entfernt Verwandten dazu"
                                       – [Pansen] SCHIMPANSEN
„Down Under wird Alexander als Kerl @ als [chap @] verstanden"   – TSCHAEPPAETT
„Wie gemacht, das Geschlecht, fürs Immobiliengeschäft"
                                            – HAEUSERMANN
„Einer Rampensau Alptraum"   – STATISTENROLLE
„Fazit nach Wähler- oder Doktorfehler"
                                        – FALSCH VERBUNDEN
„Ahnfrauenarzt"   – GEISTHEILER
„Filmreifer Termin für wetterprognostisch talentiertes Nagetier"
      – MURMELTIERTAG [„Und ewig grüsst das Murmeltier"]
„Vernichtender Blick – oder so Kritik)   – SCHROTTPRESSE
„Wozu ein Dichter ins Wasser geht"   – VERSTAUCHEN
„Favorit auf Offroaderfahrers Speiseplan"   – HUMMERSUPPE
„Entfällt nun halt ohne Tieranwalt"   – SAEULIAMT
„Hatten wohl zu viel Stress mit dem Ostersymbol"
                     –FINSTERHENNEN (Ort im Kt. BE)
„Bosskarosse"   – LEITERWAGEN
„Geplatzter Eigenheimtraum"   – HAUSAUFGABE
„Was rabiate Promis machen"   – SCHLAGZEILEN
„Verzweiflungstat – Vorbild Kuchen eines Heimsuchers"
                                            – HAUSBACKEN
„Der sprayenden Mama Signatur"   – MUTTERTAG
„Verkaufen sich wie warme Semmeln"   – PANINIBILDLI
„Ohne Ende Beifall spendend"   – KLATSCHSUECHTIG
„Kalamitätenstelldichein"   – KRISENTREFFEN
„Da ist nächtens der Holzwurm drin"   – BRETTCHEN
„Was Fussballmuffel nur als defizitäres Tanzevent kennt)
                                            – BALLVERLUST
„Kommen ausserhalb Londons vom Schlemmen"
                                         – WACHSFIGUREN
„Vielversprechende Nachwuchsgruppe"   – FOERDERBAND
„Der Bescheidenen vor dem Eiffelturm"   – HOCHNAESIG
„Pontifex an einer Demo"   – PROTESTANT
„Holt sich der Depp beim Trinkgelage"   – TORRAUSCH
„Der VW unter den Zweibeinern quasi" – MARATHONLÄUFER
„Ziel in Hahnemanns Karriereplan"   – HUEHNERLEITER
„Segelkurs"   – TOERNUNTERRICHT
„Selbstsüchtiger Greis"   – ALTER EGO
„Lücke am Schauplatz eines Dürrenmatt-Stücks"
                                            – GUELLENLOCH

„Trotz Wirtschaftserfahrung kein Bundesratskandidat"
                                                              – STAMMGAST
„Steht an im Kabinett, fehlt dem Tabourett"
                                             – SESSELRUECKEN
„Strebt nach der Krone"   – GIRAFFENHALS
„Darum bemühen sich Tretervertreter"   – SCHUHABSATZ
„Vier zu drei"   –FRAUENMEHRHEIT (2010 im CH-Bundesrat)
„Sehr bekannte und Elefanten"   – GROSSE TIERE
„Im Giesskannenprinzip der Gärtner"   – BEETNAESSER
„Orwells Big Brother"   –KONTROLLFREAK
„Der Ober beim Italiener"   – SPAGHETTITRAEGER
„Faule Bande"   – MUESSIGGANG
„FDP-Bekannte hinterlisten gegen Fische"
                    – WASSERFALLEN (Kurt Wasserfallen)
„Liebe unter Senioren"   – SPAETROMANTIK
„Kratzen oder Beissen beispielsweise"   – TIERHANDLUNG
„Was Cédric Wermuth, wenn überhaupt, an den Christbaum tut"   – ENGELSHAAR
„Beamtenbeleidigung einst im Reich der Mitte"
                                                       – MANDARINCHEN

GLOSSAR

TEXTEBENE:

Epigramm - Ein kurzes Sinngedicht mit meist witzigem oder satirischem Inhalt

SATZEBENE:

Ellipse	Unvollständiger Satz
Inversion	Veränderte Satzstellung
Palindrom	Satz, der rückwärts gelesen gleichlautend ist.
Personifikation	Vermenschlichung
Intertextualität und Intermedialität	Bezüge zu anderen Texten und Medien
Intratextualität	Bezug zum Text selbst

WORTEBENE:

Alliteration	Reim am Wortanfang
Ambigramm	Wort, das auch rückwärts gelesen werde kann
Anagramm	Aus gleichen Buchstaben bestehendes Wort
Antonym	Gegensatzbegriff
Homonym	Gleichlautender Begriff
Polysem	Mehrdeutiger Begriff Begriff
Kompositum	Zusammengesetztes Wort
Metapher	Übertragene Bedeutung, Verbildlichung
Metonymie	Ein Ausdruck wird durch einen verwandten/benachbarten/ähnlichen Ausdruck ersetzt. („Brot" kann für „Nahrung" stehen)
Neologismus	Wort-Neuschöpfung
Palindrom	Zwei Wörter in einem: vorwärts und rückwärts lesbar
Repetitio	Wortwiederholung
Semantik	Bedeutung
Synonyme	Begriffe mit gleicher Bedeutung

Meistgebrauchte grammatische Begriffe für Wortformen:

Nomen, Adjektive und Pronomen mit deren Genus (Geschlecht), Casus (Fall) und Numerus (Zahl)
Verben mit deren Infinitiv (Grundform), Konjugationen (Personalformen) und Tempora (Zeiten)

LITERATUR

RÄTSELSAMMLUNGEN

Babenberger, Michael Simon (2004): Wie Wittgenstein das Rechnen verlernte – und andere philosophische Rätsel. Freiburg i. Br.: Herder.
Bismark, Heike (2007): Rätselbücher. Entstehung und Entwicklung eines frühneuzeitlichen Buchtyps im deutschsprachigen Raum. Tübingen: M. Niemeyer.
Dettmer, Otto (1989): Das Rätsel des Diskos' von Phaistos. Das schwerste Rätsel der Welt. Berlin: Frieling.
Grimm, Jakob und Wilhelm ([1812/15], 2007): Kinder- und Hausmärchen. 3 Bände. 6. Auflage. Stuttgart: Heinz Rölleke.
Hain, Mathilde (Hrsg.) (1966): Rätsel. Stuttgart: Sammlung Metzler.
Hausendorf, Heiko / Kesselheim, Wolfgang (2008): Textlinguistik fürs Examen. Göttingen: Vandenhoeck & Ruprecht.
Laszlo, Renate (2003): Germanische Rätseltradition. Marburg: Tectum Verlag.
Morris, Scot (1988): Rätsel für Denker und Tüftler – die scharfsinnigsten Aufgaben aus „Omni", übers. Michael Koulen. Köln: DuMont.
Müller-Bosshard, Trudy (2000): Das Kreuzwörterbuch 1. Zürich: Werd-Verlag.
Müller-Bosshard, Trudy (2002): Das Kreuzwörterbuch 2. 99 weitere Kreuzworträtsel aus dem MAGAZIN. Zürich: Werd-Verlag.
Müller-Bosshard, Trudy (2006): Kreuzworträtsel 3. Kulträtsel aus dem MAGAZIN. Zürich: Orell Füssli Verlag AG.
Schupp, Volker (Hrsg.) [1972] (1989): Deutsches Rätselbuch. Stuttgart: Verlag Reclam.
Schwab, Gustav (1986): Die schönsten Sagen des klassischen Altertums, Stuttgart: Verlag Reclam.
Tomasek, Tomas (Hrsg.) (1994): Das deutsche Rätsel im Mittelalter. Tübingen: Verlag Max Niemeyer.
Topf, Hinnerk (1994): Heitere Rätsel-Reime, Reim-Rätsel – vertrackte Verse für findige Köpfe. Ill. Gerhard Kebbel (Hrsg.). Köln: DuMont.

RÄTSELLITERATUR

Amende, Coral (2001): The crossword obsession. New York: The Berkley Publishing Group.
Ausstellungskatalog der Stiftsbibliothek Einsiedeln (2011): Zauberwahn und Wunderglauben, Amulette, Ex Voto und Mirakel. Einsiedeln: Museum FRAM.
Brockhaus (1996): Die Enzyklopädie. Neubearbeitete Auflage. 24 Bände. Mannheim: Brockhaus Verlag.
Claes, Paul (1995/2009): Rilkes Rätsel. Eine Neue Deutung der NEUEN GEDICHTE. Oberhausen: Athena-Verlag.
Crossley-Holland, Kevin, (Übers.) [1978], (2008): The Exeter Book Riddles [10. Jh. n. Chr. Revised edition]. London: Enitharmon Press.
Duden Bedeutungswörterbuch (2002): Bd.10, 3., neu bearb. und erw. Auflage. Mannheim etc.: Dudenverlag.
Duden Fremdwörterbuch (2005): Bd.5, 8., neu bearb. und erw. Auflage. Mannheim etc.: Dudenverlag.
Duden Herkunftswörterbuch (2001): Bd.7, 3., völlig überarb. und erw. Auflage. Mannheim etc.: Dudenverlag.
Duden Kreuzworträtsel Lexikon (2008): 6. Auflage. Bibliographisches Institut & F. A. Brockhaus AG. Mannheim etc.: Dudenverlag.
Duden Synonymwörterbuch (2004): Bd.8, 3., völlig neu erarb. Auflage. Mannheim etc.: Dudenverlag.
Duden Universalwörterbuch (2008): 5. überarb. Auflage. Mannheim etc.: Dudenverlag.
Goethe, Johann Wolfgang von (1888): „Räthsel". In: Goethes Werke. Gedichte, Zweiter Theil (S. 287). Weimar: Hermann Böhlau.
Goethe, Johann Wolfgang von (1986): Weissagungen des Bakis. In: Johann Wolfgang Goethe Sämtliche Werke, Bd. 6.1 (S. 33ff.). München: Carl Hanser Verlag.
Jolles, André [1930], (1974): Einfache Formen: Legende, Sage, Mythe, Rätsel, Spruch, Kasus, Memorabile, Märchen, Witz. Studienausgabe der 5., unveränderten Auflage. Tübingen: Niemeyer.
Pepicello, W. J. & Green, Th. A. (1984): The Language of Riddles – New Perspectives. Columbus: Ohio State University Press.
Petsch, Robert (1899): Neue Beiträge zur Kenntnis des Worträtsels. Berlin: Palaestra IV.
Reallexikon der deutschen Literaturgeschichte (2007): 3 Bände. Harald Fricke, Klaus Grubmüller, Jan-Dirk Müller, Klaus Weimar et al. (Hrsg.). 3., neub. Auflage. Berlin: De Gruyter.
Rilke, Rainer Maria ([1907] (1942): Neue Gedichte. Leipzig: Insel Verlag.
Schiefelbein, Hans (1985): Riesen Kreuzwort-Rätsel Lexikon über 250000 Begriffe. Niedernhausen/Ts.: Falken-Verlag.

Schiller, Friedrich (1879): Turandot, Prinzessin von China. In: Sämmtliche Werke, 2. Bd. Stuttgart: Cotta'sche Buchhandlung.
Seuse, Heinrich (15. Jh.): Büchlein Cod.623 (341). Einsiedeln: Stiftsbibliothek.
Staiger, Emil (Hrsg.) (1966): Der Briefwechsel zwischen Schiller und Goethe. Frankfurt am Main: Insel Verlag.
Wittwer, Jacques (2004): Mots croisés et psychologie du langage. Paris: L'Harmattan.
Weinrich, Harald (2007): Textgrammatik der Deutschen Sprache. 4. redigierte Ausgabe. Hildesheim. etc.: Georg Olms Verlag.
Wittgenstein, Ludwig (1998): Logisch-philosophische Abhandlung, Tractatus logico-philosophicus. Kritische Edition. Frankfurt am Main: Suhrkamp.

ELEKTRONISCHE MEDIEN

Genzmer, Herbert: Heidreksrätsel.
http://ss.lokis-mythologie.de/DieHeidreksraetsel.html
George Eliot: Brief History of Crossword Puzzles.
http://ss.crosswordtournament.com/more/wynne.html
Interview mit Will Shortz:
http://wordplay.blogs.nytimes.com/2010/12/21/shortz/
„Kollektives Hirnen mit TMB":
http://kreuzwort.blogspot.ch/
Kreuzworträtselgeschichte auf Wikipedia:
http://de.wikipedia.org/wiki/Kreuzworträtsel
Lösungswörtersuche:
http://ss.raetsel-hilfe.de
The National Puzzler's Ligue, Homepage:
http://ss.puzzlers.org
http://ss.janko.@/Raetsel/Sprachraetsel.htm

In meiner Doktorarbeit *Vom lesbaren zum lösbaren Text* (2014) standen das genaue Hinsehen auf die sprachlichen Strukturen im Mittelpunkt, verbunden mit viel Recherche und definitorischem Schreiben.

Dieses kleine Buch hat mir ungleich mehr Schreibfreude bereitet – beim Formulieren für praktizierende und vielleicht sogar für zukünftige Rätsellösende.

Verena Vaucher

Umschlagbild: *Le Manteau (Demeure n° 5)* 1962, von Etienne-Martin (1913-1995): Stoffe, Posamente, Seile, Leder, Metall, Leinwandplane und Leder, 250 x 230 x 75 cm, Im Katalog *Collection art moderne - La collection du Centre Pompidou*, Musée national d'art moderne, 2007.